Tente outra vez

ROGÉRIO GODINHO

Tente outra vez

O caminho de Nathalia Blagevitch em uma sociedade deficiente

cultura

ISBN: 978-85-293-0180-8

Direitos desta edição reservados a

EDITORA DE CULTURA
Av. Sapopemba, 2.722 - 1º andar
03345-000 – São Paulo – SP
Fone: (55 11) 2894-5100
atendimento@editoradecultura.com.br
www.editoradecultura.com.br

Primeira edição: Novembro, 2014
Impressão 5ª 4ª 3ª 2ª 1ª
Ano: 18 17 16 15 14

Dados Internacionais de Catalogação na Publicação (CIP)
(Elaboração: Aglaé de Lima Fierli, CRB-9/412)

G531t Godinho, Rogério, 1974-
Tente outra vez: o caminho de Nathalia Blagevitch para vencer em uma sociedade deficiente/ Rogério Godinho. São Paulo: Editora de Cultura, 2014.
240p. ; 17x24 cm.

ISBN: 978-85-293-0180-8

1. Blagevitch, Nathalia – Biografia. 2. Pessoas com paralisia cerebral – Biografia. I. Título.

CDD - 926.16836

Índice para Catálogo Sistemático

Nathalia Blagevitch Fernandez:Biografia	926.16836
Pessoas com paralisia cerebral: Biografia	926.16836
Deficientes físicos : Biografia	920.93624

SUMÁRIO

PREFÁCIO

OPORTUNIDADE INCLUSIVA

A história da jovem Nathalia Blagevitch Fernandez, contada neste livro, inspira pessoas de todas as idades, profissões, atribuições e experiências a enxergar a vida a partir de uma perspectiva mais profunda. Nossas preocupações diárias ficam pequenas, praticamente irrelevantes, quando pensamos no esforço empregado por tantas pessoas que, a exemplo de Nathalia e de seus pais, fazem de cada dia uma oportunidade única de vitória.

Nathalia é, sim, uma grande vitoriosa. Ela representa um exemplo vivo do que o ser humano em condições adversas é capaz quando recebe o merecido apoio de seus familiares. Mais do que isso, sua trajetória ajuda a chamar a atenção de toda a sociedade – governo, empresas e cidadãos – para a importância de se envolver na questão das pessoas com toda e qualquer deficiência.

Felizmente, o Brasil começou a se abrir verdadeiramente para esse tema. Há de se considerar, evidentemente, a relevância das leis de proteção à pessoa com deficiência para impulsionar o movimento de inclusão desses indivíduos, que merecem as mesmas oportunidades oferecidas aos demais cidadãos brasileiros.

É preciso reconhecer também, por outro lado, o papel voluntário da iniciativa privada nesse campo, que vai muito além de aderir às legislações que estabelecem cotas para a contratação de profissionais com deficiência. Muitas organizações têm conseguido implementar iniciativas que efetivamente abrem portas para a pessoa com deficiência se desenvolver no ambiente de trabalho. São empresas que acreditam no potencial do ser humano em sua plenitude. E, por pensarem e agirem nessa direção, acabam por construir caminhos que propiciam o desenvolvimento de carreiras.

Os líderes dessas empresas pensam o Brasil sob o ângulo da oportunidade: aquela que se converte em negócios, mas que se traduz também em profissionais realizados e em pessoas felizes. Essa oportunidade não pode mais encontrar fronteiras – precisa ser, numa única palavra, "inclusiva".

A Deloitte, presente no Brasil há mais de 100 anos e hoje com mais de 5.000 profissionais em escritórios sediados nos principais centros econômicos do País, está ciente de seu papel de apoiar o desenvolvimento social das comunidades em que atua. Esta é, inclusive, uma preocupação formalmente estabelecida pela nossa organização em todos os mais de 150 países em que trabalhamos.

A responsabilidade social, especialmente no âmbito da formação e da inclusão, se torna ainda mais relevante para a Deloitte em um país como o Brasil, com seus tantos desafios históricos no campo da inclusão. Por isso, nós contamos com um programa integrado que favorece o recrutamento e a inclusão adequada de profissionais com deficiência.

Pela peculiaridade de nossas atividades, a Deloitte requer profissionais que contribuam para oferecer aos seus clientes e à sua própria estrutura interna a excelência na prestação de serviços. Por esse motivo, temos como prioridade na abordagem de profissionais com deficiência o propósito de formá-los para os desafios reais de uma carreira.

"Mais do que vagas, temos oportunidades de carreira" – este é o lema que a própria Deloitte utiliza em muitos de nossos anúncios voltados à pessoa com deficiência. Nosso compromisso é provar, todos os dias, a veracidade dessa mensagem, que se traduz em treinamento, desafio e, sobretudo, respeito.

Esta é a razão pela qual decidimos contribuir para viabilizar a publicação da obra ***Tente outra vez***, que traz um relato emocionante sobre a trajetória da jovem Nathalia. Nós também acreditamos que é preciso tentar sempre, insistir no objetivo e, enfim, transformar em realidade tudo o que parecer improvável.

A história de Nathalia está aqui contada para provar que isso tudo é possível. Basta querer.

Altair Rossato
Sócio-líder de Talent

Deloitte.

ÁLBUM DE FAMÍLIA

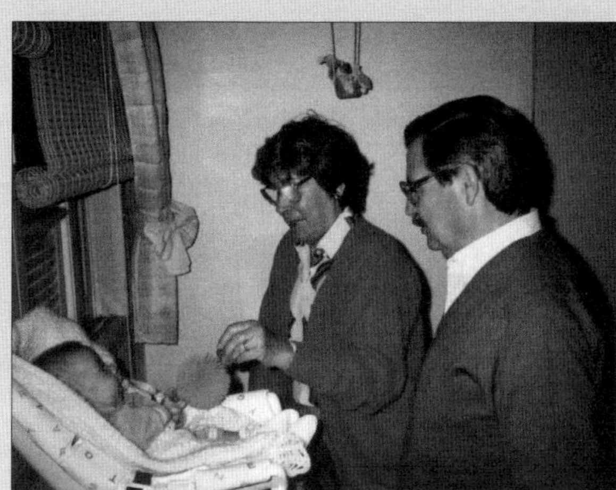

Recebendo a visita dos avós paternos

A debutante entre o casal tia Denise e tio Ri

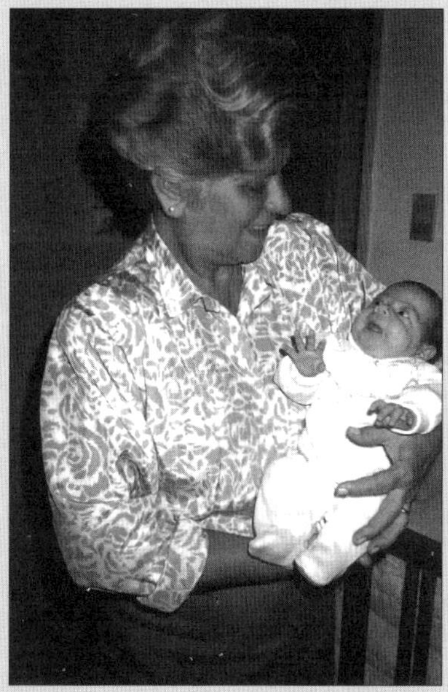

Vovó Leda, companheira desde o berço, na viagem de ônibus para comemorar os 14 anos

Reunião da família Blagevitch: a partir da esquerda, Vô Chicão, Leda filha, Leda mãe e Francisco Ricardo, o tio Ri; sentados, Nathi, Guilherme e papai Roberto

Festa de aniversário

Embaixo, com o primo Leo, o sapeca, e, ao lado, na praia com as irmãs do pai, tia Regina e prima Bia, ao lado de sua mãe, tia Tatinha (Mercedes)

PRÓLOGO
A QUEDA

Machucada em Las Vegas, a quase 10 mil quilômetros da família

O carrinho deu um encontrão no poste e virou. Nathalia bateu o braço no poste e a parte direita do rosto na manopla do carrinho. Caiu no chão, em cima do braço direito, o que não movimenta. E ficou imóvel.

Olhos fechados.

O mundo girando, uma espiral de cores que foram se misturando, piscando e gradualmente sumindo.

O rosto doía.

Alguém passou dizendo palavras que ela não entendeu e, em resposta, só conseguiu rir. Bem fraquinho. Ouviu ainda outra voz, dessa vez conhecida, mas falando aquele mesmo idioma que não era o dela. Tentou responder, mas só saíram palavras em português. Ouviu mais vozes, que também não entendia.

Enfim, uma segunda voz conhecida falou com ela em português. Dessa vez, ela conseguiu responder, só que o fez em inglês, embora tivesse certeza de que estava falando errado.

Respirou fundo, tentando se concentrar. Percebeu que estava trocando os idiomas. Explicou – agora em português – que não estava conseguindo falar inglês, por isso, precisava que a segunda voz conhecida não saísse dali. Tinha medo de ir para o hospital e não conseguir se comunicar com as pessoas. Apareceu o diretor da escola, que começou a falar suavemente em um português carregado de sotaque. Logo depois, Nathi foi levada para dentro do prédio, onde colocaram gelo na sua testa, que já ia um pouco inchada. Parecia doer mais agora.

Não quis ir para casa. Tinha prova naquele dia. E fez a prova, sentindo o rosto latejar. Percebia uma angústia em si; não pela queda propriamente dita, mas por tudo o que tinha passado desde a saída do Brasil.

Quando sua cuidadora foi buscá-la, Nathi foi andando até o carro, não tinha vontade de dirigir o carrinho motorizado, nem mesmo quando entrou no seu quarto.

Depois que a cuidadora fechou a porta atrás de si, Nathalia caminhou com dificuldade até a porta do banheiro, segurando a parede com o braço forte, o esquerdo, deixando como sempre o outro imóvel, junto do corpo. Já dentro do banheiro, se esticou e olhou no espelho, afastando do rosto o cabelo loiro para avaliar o resultado do acidente. A parte direita da face, perto do olho, estava vermelha, provavelmente ia ficar roxa. Sentou no vaso. E só então começou a chorar.

Não chorava por causa da dor, mas pela sensação de impotência, de vergonha. Ela sabia que não precisava ter isso, mas sentia mesmo assim. Aquela angústia dentro do peito. Talvez fosse somente saudade de casa, da família e dos amigos, ou quem sabe o constante constrangimento de estar em outro país, o esforço da imersão em outra língua, em outra cultura.

Mas também podia ser devido à primeira casa onde tinha ficado ao chegar, onde haviam descumprido tudo o que fora prometido. Ela foi deixada sozinha, sem ter como sair do quarto e sem nada para comer. Também podia ser por causa de uma das professoras do curso, que a tratava de maneira seca e fria.

Ainda sentada no vaso, enxugou as lágrimas do rosto. Já tinha passado por tudo isso antes e devia estar preparada, mas a verdade é que acreditava que ali, em um país desenvolvido, tudo iria ser diferente.

Levantou e ficou de novo de pé na frente do espelho, se apoiando em sua perna esquerda e segurando na parede com sua mão esquerda. Tinha 21 anos, era adulta, estava ali por escolha própria. Sua família estava a milhares de quilômetros de distância e não podia fazer nada por ela. A decisão tinha de ser sua e de mais ninguém.

Podia ligar para os pais e dizer que queria ir embora.

Ou podia se levantar daquela queda e tentar outra vez.

capítulo 0
CHUTES

Leda e Roberto grávidos

TUM... Tum...

Dois chutes, certo. Só que foram dois chutes mais fracos do que os anteriores. O segundo foi mesmo bem fraquinho. Leda passou a mão na barriga lentamente, uma perturbação indefinível na alma, se agitando em compasso com os chutes . Era uma agitação inversa: quanto mais fraco o pontapé, maior o desassossego.

– Doutor, o bebê está chutando menos.

– É normal, Leda. E ainda estamos em novembro, ele só nasce no final de dezembro.

Para bem compreender o que se passava na alma da jovem Leda, com seus 26 anos, é preciso antes entender o sentimento que acompanha o chute de um bebê dentro da mãe. Os sinais de vida ocorrem nos primeiros meses e vão aumentando de intensidade. À medida que os órgãos se constituem e os ossos vão se formando, o feto começa a se mexer.

Os movimentos iniciais provocaram em Leda a consciência avassaladora de que havia um novo ser dentro de si. Mas foi mesmo o primeiro chute que deu início ao diálogo, pois aquele ser dentro da barriga tinha um temperamento, uma vontade de se expressar, de dizer ao mundo que ali estava.

Tum Tum...

...

...

Como muitos bebês, aquele não deu só chutes; deu socos, cabeçadas. Lá pelo sexto mês, até se espreguiçava, em um movimento que era como se rasgasse a barriga da mãe. Leda não fumava, se alimentou direito e teve todos os sinais esperados e desejados de uma gravidez comum e tranquila. Só que, no final do sétimo mês, os pequenos pontapés começaram a diminuir em intensidade e frequência. Então, cada débil movimento convertia um pouco da alegria de Leda em aflição.

Não foi esse o primeiro tormento da mãe de primeira viagem. No início, ficou satisfeita ao verificar que a gestação lhe poupava a silhueta esbelta e o rosto reto e retangular, tão bem emoldurado pelos cabelos loiros que lhe caíam aos ombros. Os meses passaram, a gravidez se aproximava do fim e Leda havia lido que, nesse período, é comum a gestante engordar. Questionou novamente o médico, também amigo de família, que prontamente refutou seus receios.

– Problema, mesmo, seria se você emagrecesse, o doutor garantiu sorrindo.

tum

...

...

tum

...

...

Manhã de quarta-feira, 14 de novembro de 1990.

...

...

...

Nenhum chute.

...

...

...

Com 36 semanas de gestação, o bebê não se mexia.

...

...

...

Leda ligou para o médico, que mais uma vez a tranquilizou.

– Nada que sopinha e repouso não resolvam.

Era véspera de feriado, e ele ia para a praia. A previsão do tempo anunciava um feriado nublado em São Paulo. Para o litoral, sábado e domingo com chuva. Antes de desligar o telefone, o médico deixou com Leda o telefone de um colega que trabalhava no Hospital São Luiz.

...

...

Quinta-feira, 15 de novembro.

...

...

Sexta-feira, 16 de novembro.

...

...

Leda não aguentou mais. Ligou novamente para o médico, que, mesmo aproveitando a praia, finalmente se convenceu de que algo estava errado. De lá mesmo, acertou com um colega obstetra do Hospital São Luiz que atendesse Leda no final da tarde. O consultório dele ficava nos Jardins, dupla de bairros paulistanos na região da Avenida Paulista.

Leda e o marido, Roberto – homem habitualmente cuca fresca e sossegado, mas não naquele dia –, entraram no carro e rumaram para os Jardins. Chegaram bem antes, às 16h; a consulta estava marcada para as 18h. A secretária avisou que iria demorar mesmo, então, a saída foi esticar até uma lanchonete na rua ao lado, para onde o casal foi a pé. Leda mastigou devagar o sanduíche, a ausência dos chutes pesando no estômago. Já era quase noite.

No consultório, o obstetra ouviu rapidamente Leda e Roberto, se agachou perto da gestante com o estetoscópio e...

...

...

Sem explicação, ele se levantou e decretou:

– Leda, preciso levar você para fazer alguns exames agora.

A única alternativa era o Hospital Leonor Mendes de Barros, na Zona Norte. O médico conhecia gente lá que liberaria o equipamento para ele realizar uma cardiotocografia externa. Assim, ele poderia comparar a frequência cardíaca do feto com as contrações do útero de Leda.

No caminho para o hospital, Roberto e Leda, de hábito tagarelas, pouco falaram.

Na sala de exames, Leda deitou-se, esperando o procedimento começar. Foi quando notou um quadro na parede, indicando o padrão ideal dos batimentos do feto. Uma linha marcava o ponto onde começava o chamado "sofrimento fetal". Leda olhava fixamente para o quadro, tentando compreender o que significava aquela expressão.

Enquanto isso, Roberto deixou o hospital e foi para casa pegar os ultrassons que tinham sido feitos durante a gestação. Entrou no Del Rey verde-piscina e deixou a ansiedade acelerar o carro, ao mesmo tempo que fazia a curva na saída do Hospital. Dois policiais que faziam a ronda por ali, ao verem o carro avançando daquele jeito, ligaram a sirene, dando sinal para que Roberto encostasse.

Ele parou, explicou... a mulher... o bebê... urgente... exames... Os policiais ouviram, um olhou para o outro.

– Senhor, siga em frente. Vamos escoltá-lo até em casa e de volta para cá.

No hospital, o obstetra grudou os sensores na barriga da gestante e avisou Leda que iria tocar uma buzina perto da barriga. Ao ouvir o som alto, o batimento cardíaco do bebê deveria dar um salto e acelerar.

– FOOOOON

Na tela, o gráfico se manteve no mesmo ritmo. Nada de acelerar. Leda poderia jurar que ele até diminuiu. Olhou para o obstetra, que não esboçou reação.

– FOOOOOOON

Novamente, o gráfico parecia frustrar o obstetra e agora Leda tinha convicção: o traço na tela parecia ter diminuído a frequência. O médico tentou ainda mais duas vezes e, ao final, mostrou-se definitivamente agitado.

Mas a gestante havia desviado a atenção. Em vez de olhar para o obstetra, fixava os olhos no quadro da parede, aquele com a expressão "sofrimento fetal". Comparava o quadro com o que estava na tela do equipamento. A tela, o quadro, de novo a tela.

...

O coração do feto batia fraco.

...

– Doutor, tem algo errado aí... Não está bom, né?

Leda falou com riso entre as palavras, como se para tudo houvesse uma solução. Mas o obstetra respondeu com voz baixa e pausada, olhando diretamente para a gestante.

– Leda, vamos ter de fazer esse parto imediatamente.

O choque nesse momento é inevitável. Não há reação, resposta certa, frase adequada. Principalmente para uma mãe que planejava um parto simples, anestesiada, sem ver nada até acordar e receber o bebê limpo, de sapatinho e lacinho. A realidade estilhaçava os sonhos suaves e serenos de Leda.

– Parto... Agora? Imagine, doutor, nem pintei o cabelo...

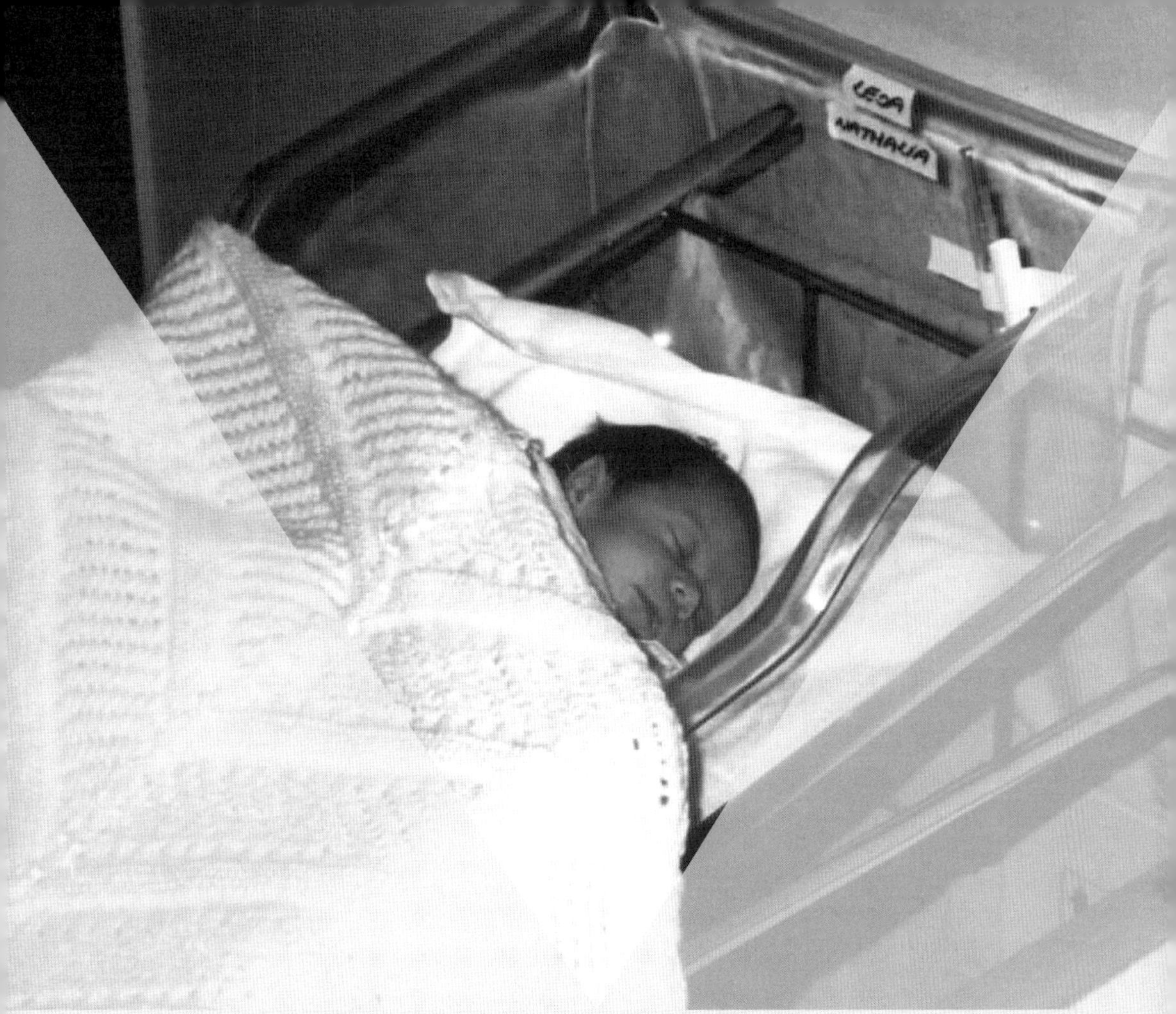

Capítulo 1
Natalis

Longo período na maternidade

O obstetra ignorou a frase impensada e ligou para o amigo na praia, que pegou a estrada imediatamente. De volta à gestante, o médico explicou que precisavam de um hospital com boa UTI neonatal, provavelmente o São Luiz seria a melhor opção.

Na época, o hospital possuía apenas a unidade original do Itaim e para lá rumaram Roberto e Leda. Nas ruas, uma São Paulo meio vazia no meio de um feriado corria apressada, alheia ao drama isolado do casal. Era meia-noite quando chegaram, o obstetra no carro de trás.

Logo depois, o médico de Leda, amigo de família, chegou direto da praia. Encontrou Roberto no elevador e, sem querer, deu duas informações que o pai ainda não tinha:

– Vou tentar salvar as duas.

A respiração do marido não se alterou, nem mesmo pela revelação de que Leda carregava uma menina. Quem olhasse diria que ele estava tranquilo.

A família chegou logo, os pais e irmãos do casal. Roberto omitiu a conversa com o médico. Até porque ninguém saberia o que fazer em uma situação como aquela. E certamente nem ele nem Leda, ainda tão jovens.

Roberto tinha 29 anos. Leda havia completado 26 três meses antes. Apesar da juventude, ela se havia habituado a perseguir o que queria. Quando tinha 15 anos, o pai perdeu o emprego de gerente, as coisas apertaram em casa... No ano seguinte, ela resolveu se defender e passou a dar aulas de inglês. Foi assim durante três anos. Nunca parou de batalhar, o que terminou por lhe outorgar voz, feitio e feição firmes, de quem não desiste. Nem hesita. Toda adversidade, enfrentava com sorriso, às vezes até com riso. Com 25 anos, havia largado um emprego estável para ir trabalhar com o irmão, Ricardo – era o certo pelo nada ainda, mas acreditava na própria capacidade de ir à luta. Na semana seguinte, descobriu que estava grávida.

Só que, apesar de resoluta e aguerrida, Leda desconhecia doenças, hospitais ou falecimentos. Morte na família, apenas quando era pequena. Por essas e outras, Leda ainda se mantinha meio verde de vida e de morte.

Nada a havia preparado para o que estava acontecendo. Dar a vida a uma criança é um milagre e Leda, àquela altura, ainda ignorava até se o bebê era menina ou menino. Cogitaram Felipe. Se fosse menina, sabiam que não queriam nem Camila, nem Larissa, nem Melissa. Talvez Fabiana ou, quem sabe, Nathalia. Achavam que teriam tempo para escolher.

– É agora. Vamos cortar, Leda.

Se ver frente ao risco de perder um filho ou a própria vida é um desses momentos na Terra em que se invocam forças, crenças e tudo se reduz à certeza de que nada na vida será mais importante do que aquele momento. Naquela noite, naquele hospital, naquela sala de cirurgia.

O parto durou pouco mais de uma hora. Era 1h10 da madrugada de sábado quando o bebê veio ao mundo. Menina. A visão diante de Leda era a mais extraordinária, só possível de ser compreendida por alguém que já gerou um ser humano. Pequena, coberta de sangue, toda arroxeada, olhos abertos parecendo azuis... e tudo o que Leda via era uma face que lembrava a sua própria. Pensou: "Sou eu pequeninha".

Lembrava da mãe, dizendo:

– Filha, tenha uma menina.

– Mãe, como eu vou TER uma menina? Isso não se controla...

A vida começava ali, a visão daquele ser que um dia iria andar, crescer, sorrir, amar. Os que passaram por igual momento se manifestam de formas diversas; uns riem, outros choram, talvez sabendo que nunca vão querer se separar daquela pequena pessoa. Para todos, a sensação é indescritível. Para Leda, o mesmo sentimento dos primeiros e felizes chutes fortes agora se multiplicava, apagando a memória e a ansiedade crescente dos últimos dias.

O encontro durou segundos. A enfermeira se afastou, carregando a menina, que precisava ir para a sala de prematuros. Nasceu com 1,7 quilo, explicaram, e deveria permanecer 24 horas no balão de oxigênio. E só teria alta quando pesasse 2 quilos.

Leda começou a chorar. Primeiro em silêncio, depois violentamente, se agitando tanto que as enfermeiras amarraram seus braços no encosto da cama para que pudessem costurar o corte da cesárea. Foi o intenso encontro da alegria com o alívio.

Quando a enfermeira passou pelo corredor, o primeiro a vê-la foi Roberto, que correu na frente da família, ansioso para tocar a criança, ter contato com a filha. Não conseguiu.

Dias depois, os pais da menina começaram a desvendar o que havia acontecido. O obstetra falou em insuficiência placentária; a placenta saudável deveria ser vermelha e carnuda; surgiu necrosada e cinzenta, não nutriu nem oxigenou a menina o suficiente. Pode ter sido por estresse, hereditariedade, má-formação ou até infecção, impossível saber àquela altura. O que se sabia é que, a partir de certo ponto, o feto perdeu forças – daí a ausência dos chutes que alertaram Leda.

O obstetra oficial, que tinha voltado da praia, foi até o quarto e fez uma declaração emocionada, chegou a afirmar que, se tivesse perdido uma delas, entraria em parafuso.

Leda não pensou mais no assunto. A partir daí, viveu dentro do hospital. No primeiro dia, sem roupa nem roupão de enxoval, vestida com o avental do hospital – pois havia saído de casa sem saber que iria dar à luz –, fitava a menina quase imóvel dentro da incubadora da UTI.

A menina tinha agora um nome.

Agora Leda sabia.

Porque nem um dia de vida fora do útero de Leda e aquele pequeno ser já valia o mundo. Claro que a epopeia não havia começado ali nem começou nos chutes. Aquele ser de mãos incrivelmente pequenas e delicadas iniciara a corrida entre centenas de milhões de espermatozoides, sobreviveu à acidez das trompas, passou ilesa as pregas do útero e venceu a corrida até o óvulo, onde centenas o rodeavam, tentando forçar a entrada. Só ela conseguiu, deixando fechada a membrana atrás de si. Multiplicou-se e, vigorosa, cresceu até sofrer a falta de oxigênio e nutrientes e ser resgatada com vida por uma equipe médica. Naquele dia, 17 de novembro, nasceu Nathalia.

Nathalia, do latim *natalis*, significa "nascimento".

Ela fazia minúsculas caretas dentro de um berço de vidro sob os olhos de sua mãe. Estava ali a que iria atender pelo nome de Nathalia Blagevitch Fernandez.

capítulo 2

BATALHA POR GRAMAS

Tentando ganhar peso

N

Logo trouxeram para Leda roupas bonitas de maternidade, que ela passou a usar enquanto Nathalia ficava na UTI neonatal, um berçário de bebês frágeis, que para os pais correspondia à visão de um campo de batalha de anjos abatidos.

Encapsulada na incubadora transparente, Nathalia era observada pela mãe, que mantinha o coração nas mãos. Contava grama por grama o avanço da filha rumo aos 2 quilos libertadores. Mas o peso era arredio e, em vez de ganhar, Nathalia caiu para 1.560 gramas.

Dia a dia, a guerra prosseguiu. Num dia 10 gramas, no outro, 20. No final da semana, recuperou o peso perdido e mais um pouco.

Enfim, no sexto dia, Leda pôde finalmente tocar a filha.

Os dedos inseguros da mãe percorreram o bracinho, a bochecha, o cabelo ainda ralo da menina. Aquela mão hesitante nem parecia da Leda de índole invencível.

A partir daquele dia, Nathalia passou a viver no berçário, um aquário redondo, posicionado à vista de todos os que passavam. E grudada no aquário, Leda cumpria horas de vigília voluntária, com o cotovelo colado na pequena mureta e o nariz a poucos centímetros do vidro.

Por fim, Leda teve alta. Mas dormir fora do São Luiz mudou pouco a rotina de seus dias. Alojada na casa da sogra, por ser mais perto do hospital, chegava pouco depois das 7h, levada pelo cunhado. Às 18h, vinha Roberto, depois de sair do trabalho, e ali permaneciam os dois até não menos que meia-noite. Às vezes, saíam às 2 da madrugada.

No começo, sentia-se dividida entre a alegria do nascimento da filha e a depressão de não poder ir para casa, de ter de ficar fechada em uma sala tentando tirar leite com a bombinha, de ouvir cada história triste que toda mãe presa ao hospital tinha para contar. Para a filha, a vida não era mais leve. Fura a Nathalia, entuba a Nathalia, amarra a Nathalia. Leda só podia assistir.

Ao mesmo tempo, seguia a corrida pelo peso, fonte de angústia e prazer. Dez gramas a mais, vinte gramas a mais. No dia seguinte, perdia dez gramas, para então ganhar trinta gramas no outro. O peso aumentando era como os chutes que tinham desaparecido retornando pouco a pouco, a prometida e desejada conexão se aproximando. Ela havia nascido, estava ali na frente, mas faltava algo. Durante a gestação, alegria e movimento; agora, nascida, viva, respirando, mãozinhas fechadas, às vezes um rápido movimento do rosto, uma careta e ainda era como se o nascimento estivesse incompleto. Como se Nathalia continuasse nascendo ali, grama a grama, diante dos seus olhos, dentro daquele útero de vidro.

Com os dias, o contato constante do cotovelo com a mureta provocou uma alergia, mas nem por isso Leda se afastou. A maternidade era um círculo não muito redondo, com as portas dos quartos das mães rodeando um grande vão que ficava no meio do prédio. O aquário redondo ficava colado a esse grande vão por onde Leda podia ver os andares em cima e a lanchonete no térreo, enquanto maltratava os cotovelos e sonhava em sair dali com a filha.

Às sete horas da manhã, chegava o pediatra responsável pelo neonatal, o médico Sérgio Ayres, que fazia a ronda, indo de quarto em quarto, anotando tudo e seguindo o círculo até voltar ao berçário-aquário. Ali, Leda o esperava todos os dias. Sérgio entrava no berçário, examinava cada bebê, pousava o estetoscópio e mergulhava em uma espécie de transe, olhos fechados, em uma conexão carinhosa que inspirava confiança em todas as mães e que criaria uma sensação de quase dependência em Leda.

Aos poucos, formou-se um ambiente ativo e festivo, energizado pela ansiedade de pais que queriam ir embora, alegrado pelo sentimento de ter um filho sobrevivente, de ver diante de si, mesmo que através do vidro, sua continuação na Terra, seu gene reproduzido e respirando. Havia o italiano experiente, que chegou ali dois meses antes e, por isso, sabia tudo sobre prematuros, infecções e sequelas. Havia a mãe prostrada, porque o filho tinha 600 gramas. Havia outra mulher, mãe de gêmeos, cujo menino havia morrido, ficando só a menina. E havia a família barulhenta e numerosa que vinha sempre de noite, quando Roberto chegava.

Com quinze dias, Ayres avisou:

– Hoje ela sai da UTI. Hoje você vai poder pegar sua filha no colo.

Leda segurou a filha como se fosse desmanchar no ar, em silêncio, como se a ausência de palavras tornasse aquele momento mais longo ou se qualquer frase fosse indigna de ser dita. Nathalia era real. E estava com fome.

Mais quatro dias, mãe e filha saíram do São Luiz. Com 19 dias e pesando 1,9 quilo, Nathalia foi liberada. O susto que começou naquele início de feriado, a ausência dos chutes, o exame, a cesárea repentina, os dias de UTI e de berçário, tudo ficava definitivamente para trás. Coração leve, porque o pesadelo terminava.

O cuidado continuou em casa. Durante três meses, nada de sair, nada de receber visitas. Os poucos que entravam na casa estavam proibidos de subir para os quartos.

Quando a proibição acabou, Leda e Roberto saíram com os amigos feitos no hospital, que também levavam filhos carentes dos mesmos cuidados. Arriscaram a caravana, todos evitando o vento desleal e o sereno letal. Fizeram festas, churrasco de dia na casa de um, jantar de noite na casa de outro.

A família também fazia muitas visitas. Foi então que, em um dia quente e úmido de meados de janeiro de 1991, o avô Chicão visitou

Nathalia e notou os olhinhos em desarmonia, o esquerdo torto, jamais combinando com o direito. Chamou Leda e Roberto, mas os dois acharam que não era nada sério, puro exagero ou excesso de zelo do avô amoroso com a primeira neta, que também seria a única do sexo feminino.

A vida seguiu normalmente, tanto quanto possível para uma mãe que cuida de uma filha nascida prematura. Mas com uma facilidade: Nathalia era uma criança tranquila, quase não chorava, dormia sem resistir. A dificuldade era alimentar a pequena. De acordo com a orientação do médico Sérgio Ayres, ela devia mamar de três em três horas, mas Nathalia mamava devagar - uma hora, uma hora e quinze para terminar. Se não acordasse para se alimentar, Leda umedecia um algodão com água gelada e passava na bochecha dela que, sonolenta, começava a mamar.

Frequentemente vomitava, às vezes com tanta força que atingia a parede em frente, a quase a um metro de distância. Mas nada disso assustava, nem preocupava Leda.

Os meses passaram. Com 120 dias de vida, os olhinhos continuaram revirando; agora, feito máquina nova de caça-níquel. É, Nathalia, definitivamente, era estrábica. Aparentando despreocupação e com a mesma voz suave, Ayres explicou que o termo médico para os olhinhos revirando era "nistagmo" e aconselhou Leda a providenciar um exame de ressonância.

Leda foi. De lá, mandaram que ela fosse – **imediatamente**, foram bem claros – a outro lugar fazer outro exame, um ultrassom na cabeça. Um médico viu o ultrassom e disse algo sobre uma lesão. Leda foi encaminhada – e que fosse **com urgência** – a um neuropediatra. Sem ninguém saber, recomeçava ali a ansiedade de Leda.

No início, tentou se manter tranquila, foi à consulta como quem vai ao dentista, colocou na agenda, ali, apertado entre o mercado e a reunião de trabalho. Havia nervosismo, sim, mas porque Nathalia havia vomitado toda a última mamada. A irmã de Roberto a acompanhou na consulta. O médico quis saber do histórico da menina.

– ... e foi isso, doutor. Não imaginava que, pelo fato de ser prematura, ela ainda iria ter mais algum problema.

– Não, Leda, não tem nada a ver com isso.

– Como assim?

– Qualquer sequela que ela apresente tem como causa o sofrimento fetal, que teria sido evitado se fosse percebido a tempo.

Leda soube e compreendeu, então, que a falta do oxigênio havia provocado uma lesão no lado esquerdo do cérebro de sua filha.

O médico se negou a fazer previsões.

– Impossível saber, disse ele.

O tempo passou e Leda acompanhou o desenvolvimento da filha, na expectativa do momento em que ela engatinhasse, depois, do andar hesitante, das primeiras palavras, tudo que uma mãe espera que aconteça. Uma tarde, seis meses depois do nascimento, resolveu colocar Nathalia no chão. A menina olhava para Leda e sorria quando, de repente, caiu de lado.

Os dias iam passando e Nathalia continuava caindo pelo chão, feito joão-bobo. Colocavam a menina sentada, ela caía. Leda ligou para o sempre tranquilizador Dr. Sérgio Ayres, que lhe pediu para manter a menina em observação. A criança estava com quase oito meses de vida, e Ayres recomendou que ela voltasse ao neuropediatra.

Dessa vez, Roberto foi junto.

E juntos eles descobriram.

...

...

Nathalia tinha paralisia cerebral.

...

...

A lesão prejudicou a coordenação motora.

– Doutor, uma lesão também significa que...

– Não posso dizer. Só vamos saber com certeza quando ela fizer 3 anos.

– Mas...

– É, pode ser que prejudique a parte intelectual. Ou verbal. Ou as três juntas.

Leda segurou o choro e nem conseguiu se articular para fazer as perguntas que gostaria. Roberto, controlado, a abraçou e a levou para casa. Então, escondida do marido, chorou mais. Toda a angústia, antes represada e colocada de volta na caixa, retornava, livre, violenta, revestida de uma tristeza incontrolável, pois sua filha havia sido ferida. E era uma ferida que – naquele momento, Leda apenas receava – Nathalia carregaria pelo resto da vida. Ou talvez até lhe tirasse a vida que Leda havia sonhado para ela.

A dor também era ampliada agora pela culpa, talvez tivesse feito algo errado. Talvez tivesse trabalhado demais durante a gestação. O que ela havia feito para ferir a filha dessa forma?

Naquela noite, na cama, o casal permaneceu silencioso. Roberto virou as costas para ela e, enfim, sem produzir nenhum som, chorou. Leda nunca soube.

Nenhum deles pensava no passado ou sonhava com o futuro. O presente havia esgotado todas as forças dos dois.

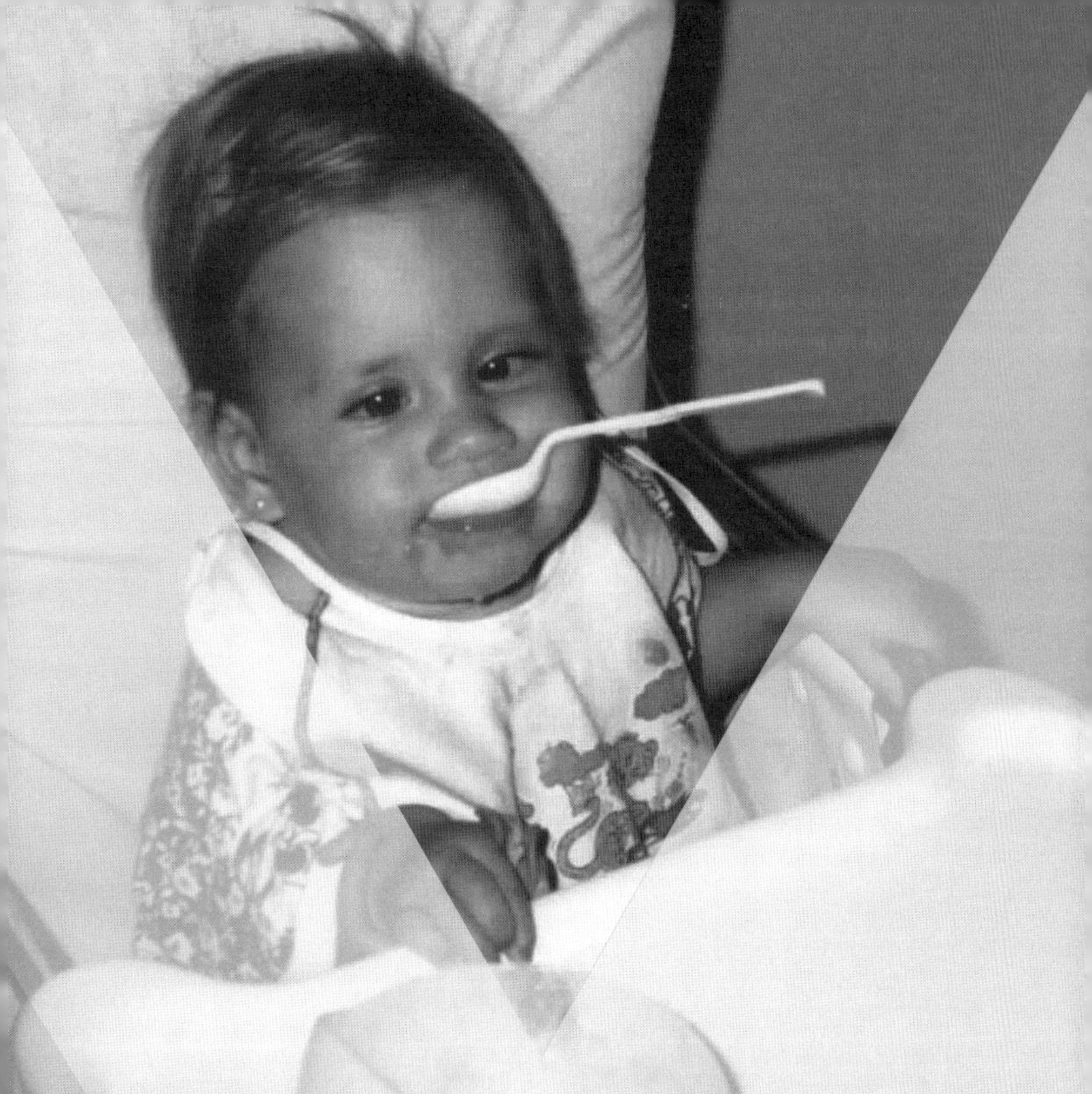

Capítulo 3
Não

Reação de Nathi ao ouvir a palavra "não"

– O carro precisa sair, o cliente já vai chegar.

Em tom que não admitia recusa, a voz vinha de fora da casa e pertencia a Magui, jovem fisioterapeuta que havia sido indicada a Leda.

Ela e Roberto estavam dentro da casa, na sala de espera, aguardando de mãos dadas. Era a segunda vez que visitavam o consultório espaçoso, irretocavelmente limpo e organizado.

Na primeira vez, haviam levado a pequena Nathalia, que havia desaparecido na sala da fisioterapeuta durante quase uma hora. Foi checada, conferida, avaliada em peso, tamanho e reflexos. Quando Magui devolveu a filha ao casal, pediu que eles voltassem outro dia, sem a criança, para uma conversa. Então, ali estavam eles, prontos para qualquer coisa. Ou assim pensavam.

Enquanto esperavam, Leda mal notou os outros pacientes, uma menina de seus 5 anos, que, indo embora, falava com dificuldade; e um garoto adolescente, recém-chegado, deitado no colo da mãe, sonolento. Aliás, aquele era um território majoritariamente feminino, de mulheres fazendo a máquina girar. Mães, tias e avós, até babás; apenas ocasionalmente um homem. Aquelas que traziam crianças bem pequenas tinham a marca do olhar hesitante, incerto do futuro. Mas a maioria demonstrava segurança e até alegria, o que poderia fornecer a Leda a esperança de que tudo acabaria bem – isso, se ela estivesse prestando atenção. Mas tudo era ainda distante, irreal, uma passagem por um mundo desconhecido. Na cabeça de Leda, ecoavam as palavras ditas pelo neuropediatra: paralisia cerebral.

Seguindo a orientação dele, haviam procuraram uma clínica de fisioterapia. O consultório ficava em um sobrado grande, bem perto da casa deles, dez minutos de carro. Essa era uma razão para ser aquela, e não outra fisioterapeuta. Aparentemente, a ida até o consultório não seria um acontecimento isolado; muito provavelmente teriam de voltar ali várias vezes.

A outra razão é que a imigrante mineira Ana Margarida Vilela, ou simplesmente Magui, tinha ótimas referências, sendo considerada uma das melhores fisioterapeutas especializadas em crianças com deficiência de São Paulo. As outras duas ficavam longe de casa, uma em Moema e a outra no Morumbi.

Enfim, Magui abriu a porta e chamou o jovem casal. Apesar de também ser jovem, aparentando 20 e poucos anos, a fisioterapeuta mantinha uma expressão grave, olhando quase sem piscar para os dois.

Com voz pausada, Magui começou a falar sobre paralisia cerebral. Lentamente, com gestos firmes, recitava termos esquisitos, que faziam pouco sentido, não pareciam ter a ver com Nathalia. Diplegia, hemiplegia, espasticidade, ataxia... um universo de possibilidades relacionado ao que a criança poderia ter ou não ter. Em resumo, confirmou que a menina provavelmente teria problemas para se movimentar e, eventualmente, para falar. Pior: Magui ainda não podia descartar a possibilidade de a lesão ter afetado a capacidade intelectual.

– Mas é cedo para saber.

E Magui continuou desfiando frases com sua voz resoluta.

A fala segura da especialista – dona de fibra de imigrante mineira, arrimo de família – penetrava pouco a pouco a resistência daquela mãe em estado de negação. Cada termo e sentença batia como estaca na barreira natural que Leda havia erguido contra situações insolúveis. Por fim, Leda foi ao ponto que lhe interessava:

– Magui, existe alguma cirurgia para corrigir de vez o problema?

– Não.

– Um remédio?

– Não.

– Como se cura isso?

– Não existe cura.

Magui prosseguiu falando sobre a possibilidade de melhorar o tônus muscular pela fisioterapia, um processo longo, interminável, mas parte de Leda não estava mais ali. A noção de um problema sem solução constituía algo absolutamente fora do imaginário daquela loira bonita e bem disposta, para quem o mundo era feito de peças sempre passíveis de conserto. A paralisia cerebral se erguia contra essa concepção.

– ... um trabalho que terá de ser feito pelo resto da vida da Nathalia.

A última frase de Magui afinal despertou Leda.

– Como?

– A vida inteira.

Pela explicação de Magui, Leda entendeu que Nathalia ficaria presa eternamente àquela lesão no cérebro. E que ainda precisaria manter o tratamento enquanto vivesse, senão com fisioterapia, ao menos com alternativas como frequentar uma academia com acompanhamento especializado ou trabalhos alternativos, como Pilates ou RPG. Para Leda, aquela explicação soou como uma condenação eterna.

Até aquele momento, a mãe imaginava um tratamento de, no máximo, alguns meses. A vida inteira significava mais do que arcar com terapias caras, pesadas demais para as condições financeiras de um casal jovem começando a vida. Era mais grave. O prognóstico feito, como uma profecia, fazia a mãe vislumbrar pela primeira vez o futuro incerto da filha, daquele instante até o momento em que eles – pai e mãe – não estivessem mais presentes para cuidar dela.

Era a consciência que acomete todo pai e toda mãe de criança com deficiência: o que vai acontecer quando eu morrer? Por um momento,o espírito combativo de Leda se viu aniquilado, abatido diante de uma batalha que não havia nem começado.

Mas foi apenas um instante de derrota. A conversa com Magui já havia se estendido por mais de uma hora. O casal se despediu, quase apressado.

Em casa, Leda se recusou a aceitar. Ligou para o pediatra de voz macia do Hospital São Luiz.

– Sérgio, voltei da conversa com a fisioterapeuta e estou aterrorizada. Me dá uma luz sobre o que é possível...

O questionário se repetiu com a mesma saraivada de perguntas, uma cirurgia, um remédio, um tratamento real e eficaz. Uma cura.

Do outro lado da linha, Leda ouvia de Sérgio ecos suaves da conversa com Magui.

– Não.

– Não.

– Não.

capítulo 4
FIBRA

No colo do avô Chicão

Leda não era uma lutadora trivial. Não que tivesse enfrentado provações horríveis antes. O caráter da jovem se devia a uma tradição familiar de encarar o que viesse pela frente e entrar na peleja com a convicção de que sempre é possível vencer.

A gênese dessa fibra familiar começou mais de oitenta anos antes, na Lituânia. E cada fato dessa história é necessário para compreender o destino de Nathalia.

O ano era 1919, fim da Primeira Guerra Mundial, uma catástrofe sanguinária que enterrou milhões de europeus em valas, trincheiras e campos lamacentos. O tataravô de Nathalia participou dessa guerra. Ficou três anos sem dar notícia. Desaparecido, foi declarado morto. Quando voltou para casa, sua mulher havia se casado novamente. Os dois homens e a mulher sentaram, conversaram e o novo marido acabou indo embora.

Embora vivo e tendo reencontrado a mulher e os filhos, aqueles anos tinham transformado para sempre o patriarca da família, que na Lituânia se chamava Blaževičius. O soldado ficou triste, raramente falava.

Então, o mundo entrou em crise, a mesma crise que mais tarde levaria os alemães a abraçar o nazismo. Em 1929, a situação na Europa era ruim, mesmo para famílias católicas como a de Blaževičius, que só conseguia encontrar raízes para dar de comer à família. A vida ficou difícil demais na Lituânia, não havia emprego, não havia comida.

Foi quando o filho do soldado triste, Pranas Blaževičius, decidiu deixar a Lituânia. Emigrar não era uma resolução simples na época.

Hoje, tudo se pode saber sobre outro país, basta querer. Naquele tempo, ninguém tinha a menor ideia do que era o Brasil, a comida, os costumes nem nada mais. Nos dias de hoje, seria como se mudar para outro planeta, sabendo que não há volta. Por isso, Pranas Blaževičius partiu sozinho de Utena.

Com 33 anos, deixou para trás os amigos e tudo o que conhecia. Quando chegou aqui, no dia 15 de maio de 1929, desceu do navio *Almirante Alexandrino* no porto de Santos e, solene, de chapéu, colete e terno de três botões, se ajeitou na Hospedaria dos Imigrantes, em São Paulo. Mudou até de nome. Pranas Blaževičius, traduzido, virou Francisco Blagevitch. Conheceu Malvina, também emigrada da Lituânia, só que acompanhada da família. Apesar do calor brasileiro, Francisco manteve a tristeza do pai, talvez acentuada pelo que havia deixado para trás. Em contraste, Malvina ostentava um otimismo constante. Dez anos depois, o lituano imigrante ganhou um filho, a quem deu também o nome de Francisco. Era Chicão, pai de Leda e avô de Nathalia.

Foi em 1939.

Naquele mesmo ano, os nazistas iniciaram seu massacre. Mas eles não começaram pelos judeus. As vítimas pioneiras do Holocausto foram as pessoas com deficiência. Os nazistas achavam que eles eram inferiores e não mereciam viver. Depois, enquanto os judeus foram obrigados a usar a Estrela de Davi costurada na roupa, os cidadãos com deficiência – com outros grupos – foram marcados por um triângulo negro.

Os nazistas disseram não às pessoas com deficiência.

Há um significado especial no massacre que começou no ano de 1939, com a invasão da Polônia pela Alemanha em 1° de setembro. Afinal, a ameaça a esse grupo é um fato histórico. Na Roma Antiga, atiravam os malfeitores e os recém-nascidos com deficiência de cima da Rocha Tarpeia – que fica ao lado de uma das sete colinas de Roma. Na Idade Média, deficientes eram julgados e executados. Nestes casos e por toda a história, foi negado a eles o direito de viver. Alguns sobreviviam e chegavam a se tornar monarcas, como o imperador romano Claudius, cujo nome quer dizer "Manco", e também o rei inglês Ricardo III – pelo menos, Shakespeare o retratou assim.

Mas o que os nazistas fizeram em 1939 foi diferente.

Era o século 20.

A humanidade deveria saber.

...

...

– Upa, Nathi, de pé, de pé...

Ajoelhada em um tablado acolchoado, Magui abraçava uma Nathalia pequenina, vestida de talas nos braços e nas pernas. Assim, ligadas por um abraço, as duas subiam e desciam em pequenos saltos, ora no tablado, ora na cama elástica. Alonga, chacoalha, flexiona, puxa, estica, manipula. Leda observava cada movimento como se estivesse um minuto mais perto da cura de Nathalia, que ainda não havia completado um ano.

Dali por diante, cada dia seria uma batalha para reduzir a dependência de seu bebê. Se ficasse livre da incapacidade intelectual, ambas lutariam contra uma possível limitação da fala. Se ela pudesse falar, a luta consistiria em colocar o cérebro no comando dos músculos para que ela andasse por si só. E se tudo isso fosse conquistado, seria a cura. Pelo menos para Leda, que ainda acreditava nisso.

E aquela era apenas a segunda sessão de fisioterapia.

– Upa, Nathi, de pé, de pé...

Magui sorria como uma tia de creche, mas a voz se mantinha firme, semelhante à de um engenheiro explicando os cálculos de um prédio. Agora, a resposta de Nathalia, que ainda não falava, era uma risada iluminada, mas quase sempre silenciosa. A menina havia chegado na clínica chorosa, hipersensível, mas acabara aceitando o trato de Magui e sorria com o sobe-desce na cama elástica. Era o começo de um longo tratamento. Por ora, o conjunto de técnicas usado pela fisioterapeuta parecia divertido para a pequena cliente.

Magui usava o Conceito Bobath.

Em 1939, quando Chicão nascia no Brasil e os nazistas executavam pessoas com deficiência na Alemanha, um jovem alemão chamado Karel Bobath trabalhava em um hospital de crianças na Tchecoslováquia – hoje dividida em República Checa e Eslováquia.

Bobath permaneceu feliz, estudando ortopedia e interessado em psiquiatria, até o dia em que os nazistas ameaçaram invadir o país. Os judeus não podiam ficar.

Não.

Bobath fugiu. Não tinha ideia do quão sábia era sua decisão de ir para a Inglaterra. Lá, reencontrou Berta, uma amiga de infância, judia nascida em Berlim, que era ginasta e tinha o título de "educadora física". Os dois se casaram e, juntos, criaram uma série de técnicas para melhorar o tônus, a espasticidade e outras características musculares: o Conceito Bobath, cuja importância para esta história se verá mais adiante.

Bobath trabalhou com psiquiatria e especializou-se em neuropediatria em Londres e com Berta, transformada em fisioterapeuta, fundou o Centro Bobath, que se tornou o principal instituto de ensino e pesquisa em tratamento para deficiência na Inglaterra. Eles morreram em 1991. Na mesma semana em que o avô Chicão percebeu algo diferente nos olhos azuis de Nathalia. O mesmo Chicão que nasceu no ano em que Bobath e Berta fugiram do nazismo para Londres.

Foi a técnica desse casal, o Conceito Bobath, que Leda passou a acompanhar semanalmente quando levava Nathalia para a terapia. Magui não era refém de nenhuma metodologia específica, mas o Conceito Bobath era o mais usado.

– Upaaaa, Nathi, vooolta... Upaaaa, Nathi, vooolta...

Nathi rolava em cima da bola, maior que ela, de tala na perna e tala no braço. Estica o dedinho, alonga o músculo. Leda observava todas as sessões, alimentada pela esperança que os Blagevitch trouxeram da Lituânia e confiante em Magui, na medicina e no método Bobath. Observava cada movimento para poder repetir com Nathalia em casa. Assim, certamente a cura chegaria mais rápido. Disso ela tinha certeza.

No começo, toda mãe busca a cura.

Leda havia ignorado todos os "nãos". Não a conheciam, ora, não sabiam do que ela era capaz. Ela queria – e-xi-gia – a cura. Porque os Blagevitch preferiam acreditar no "sim".

Quando Chicão nasceu, em 1939, os Blaževičius do Brasil – ou Blagevitch – ignoravam o massacre que começava na Europa. Sabiam apenas que estavam em terra quente e acolhedora. E a alegria voltou a germinar naquela família. Quando Chicão cresceu e teve filhos, percebeu a tristeza que acompanhava os Blaževičius e disse a si mesmo que seria amigo e companheiro dos filhos, Leda Regina e Francisco Ricardo – sim, o neto de Pranas também era um Francisco, Francisco Ricardo, só que, em família, ficaria Ricardo, o Tio Ri de Nathalia. A relação seria baseada no "sim".

Chicão sempre apoiou os filhos e, enquanto foi possível, ofereceu bom divertimento a eles: saíam para velejar, fizeram cursos. Mas evitar a negativa não era a mesma coisa que oferecer uma vida fácil. Pouco depois de fazer 13 anos, Ricardo pediu dinheiro a Chicão e ouviu um "não". A partir daí, dinheiro, só emprestado. E o filho Ricardo aprendeu. Leda, adolescente, também ouviu "não" quando um dia quis comprar uma roupa no *shopping*. O dinheiro andava curto e ela passou a vestir roupa inventada e costurada em casa pela mãe. Leda também aprendeu. "Nãos" podiam ser benéficos.

Na hora de escolher a faculdade, a filha se decidiu por Letras, o filho, por Engenharia. Ainda na faculdade, Ricardo e um amigo decidiram dar aulas e depois treinamento em tecnologia da informação (TI). A atividade virou uma empresa, à qual os dois amigos deram o nome de Asyst. Em 1990, decidiram desenvolver *software* e Ricardo chamou Leda para trabalhar com ele. Uma semana depois, ela descobriu que estava grávida de Nathalia.

Quando a menina nasceu, Leda ficou os quatro meses da licença-maternidade em casa e então voltou a trabalhar. Durante mais quatro meses, a mãe conciliou trabalho e maternidade, confiante em que a facilidade de trabalhar parcialmente em casa seria o suficiente para tocar as duas responsabilidades. Dava treinamento na Asyst e levava Nathalia à fisioterapia. Fotocopiava apostila e trocava fralda. Contratava instrutor e levava a filha ao médico. O horário flexível ajudava, mas o expediente duplo pesava.

O marido, Roberto, fazia menos. Em parte, porque a rotina dele era dentro da empresa da família, uma retífica, de onde pouco saía. Leda fazia tudo.

Um dia, quis parar. Era impossível manter dois trabalhos como aqueles, sob o risco permanente de não fazer nenhum deles direito. O bem-estar da filha estava em jogo. Era o final do inverno de 1991. A partir dali, o trabalho de Leda seria cuidar de Nathalia.

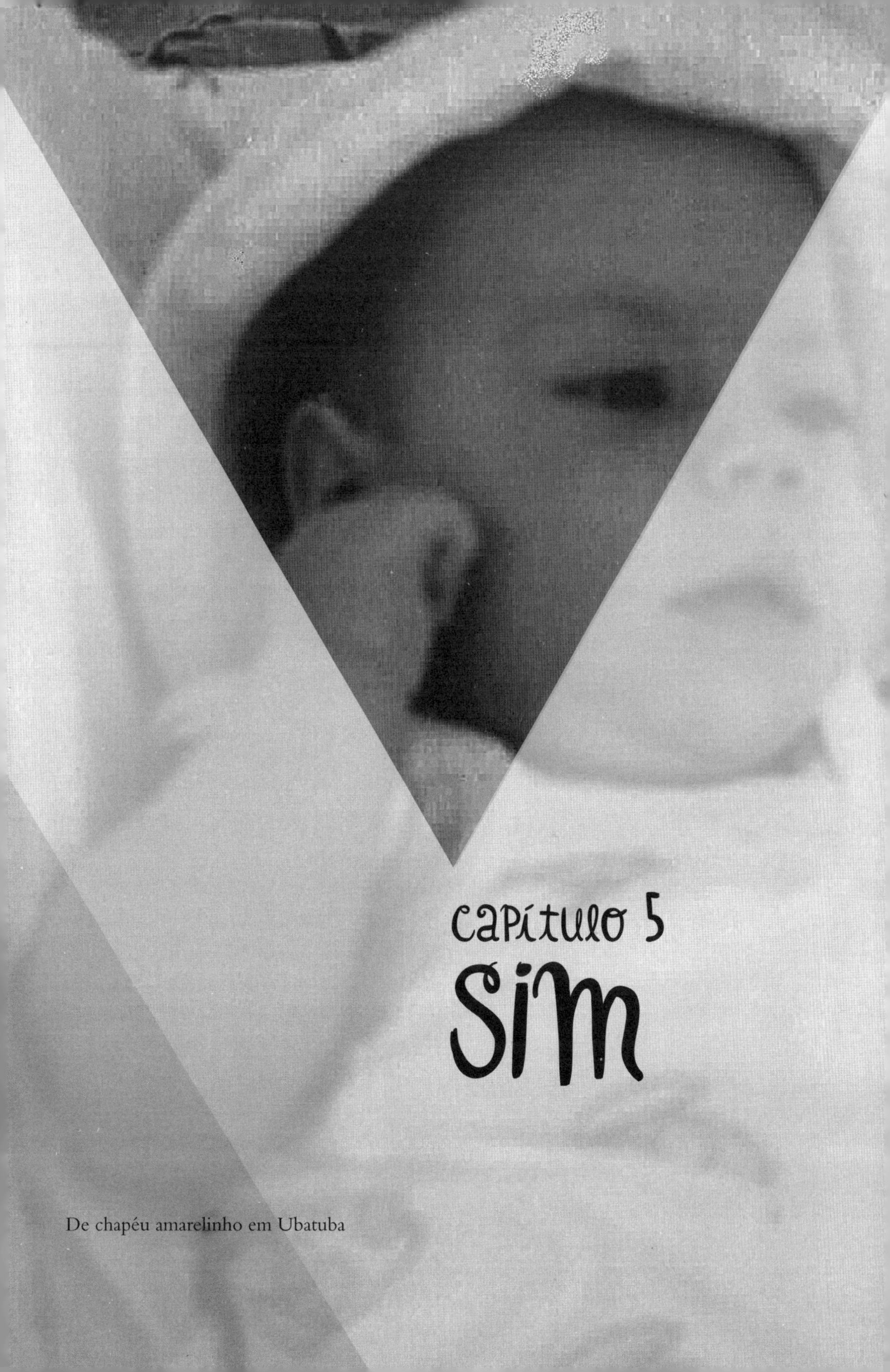

Capítulo 5
Sim

De chapéu amarelinho em Ubatuba

N

A vida prosseguiu um pouco mais leve. Na semana seguinte ao início da fisioterapia com Magui, Nathalia começou a terapia ocupacional, na qual aprenderia a realizar as atividades do cotidiano. A menina ainda não tinha nove meses. A terapeuta ocupacional escolhida foi uma colega de consultório de Magui, Gilsci Maria Scigliano Lopes, paulistana determinada, porém de fala mansa. Se Magui lidava com músculos e obtinha sorrisos, Gilsci dependia dos desejos. Para chegar a eles, teria de passar pela angústia.

Na primeira sessão, Nathalia começou a chorar logo que entrou na sala. Gilsci a pegou no colo e esperou. É difícil, mas possível, buscar melhora dos músculo de um paciente sem vontade. Entretanto, não há terapia ocupacional possível com um paciente que não tenha interesse.

Toda a coordenação motora, concedida graciosamente e sem exigência de esforço à maioria das pessoas, é negada àquela que nasce com uma lesão no cérebro. É como se um ladrão ladino houvesse furtado o manual de instruções e a criança precisasse descobrir sozinha o controle do próprio corpo.

A coceira que nos leva automaticamente a mão às costas ou o ato de alcançar um objeto desejado não eram itens de fábrica para Nathalia. Ela teria de programar o próprio corpo – ou pelo menos parte dele.

Naquela primeira consulta com Gilsci, Nathalia só chorava; mais uma vez estranhando o lugar e a pessoa, ela que ficava arisca quando tocada. É o que alguns especialistas chamam de a "angústia dos oito meses". Um bebê que chora às vezes o faz porque tem a percepção de que está diante de outra pessoa que não sua mãe. Não é a mamãe. No mínimo, o choro indicava a percepção atenta de Nathalia e este era um ótimo indício. Mas isso não tornava a consulta mais fácil.

Durante os meses seguintes, Gilsci usaria as consultas para orientar Leda. Nathi era nova para fazer exercício e arisca demais para aceitar o colo de Gilsci. Mas a idade ainda era fundamental para que ela fosse estimulada. É o início do longo trajeto na construção de hipóteses sobre o mundo, o primeiro passo para elaborar a própria identidade.

Bebês começam a segurar os objetos com os olhos. Eles não sabem que podem usar as mãos. Estimulados, aprendem a estender os braços, tocar, sentir, ouvir barulhos. Como os de um chocalho infantil, por exemplo, um som que Nathalia procurava, ao qual respondia e se agitava tentando alcançar. Mas o braço direito de Nathalia não respondia. E assim, a percepção de mundo da menina era tolhida já no começo. O esforço de Gilsci seria dirigido a quebrar essa primeira barreira.

Para Leda, o ócio parecia não aliviar o estresse daquela rotina alternada de descobertas e esperanças. Entre uma fisioterapia e uma consulta médica de Nathalia, caminhava entediada pelo *shopping*. Há pessoas que viveriam felizes sem trabalhar, mas tal não era o costume dos Blagevitch e muito menos de Leda. Além disso, as consultas e terapias pesavam no bolso de Roberto, pois agora Leda havia parado de trazer dinheiro para casa. Nem comprar roupa ela podia.

Durante um passeio aborrecido pelo *shopping*, viu um tênis de criança. Daqueles que, pelo tamanho e pela delicadeza, levam toda mãe a ficar enternecida.

Em casa, disse a Roberto:

– Posso comprar?

Pouco importava a resposta. Antes mesmo de ouvir o que Roberto teria a dizer, Leda sentiu que havia algo muito errado em pedir. Nunca tinha feito isso. Pagar por suas vontades e necessidades era a cartilha da moça desde os 16 anos, quando começou a dar aulas de inglês.

Roberto explicou que as contas estavam apertadas, mas Leda já não estava ouvindo direito. Dias depois, tinha retornado à Asyst, trabalhando com o irmão, Ricardo. De volta à rotina de contratar instrutores e trocar fraldas, visitar clientes e ir à fisioterapia.

Um dia, fez uma entrevista com um instrutor que pretendia contratar. No final da conversa, pediu que o candidato olhasse embaixo da mesa.

Ele olhou e levou um susto.

Lá estava Nathalia, tranquila, sorridente e contente. Para Leda, era uma prova de que cuidar da filha e trabalhar haviam se tornado atividades perfeitamente conciliáveis.

A volta ao trabalho fez bem para a cabeça de Leda, mas o avanço lento da fisioterapia entristecia aquela mãe sempre tão otimista. Com os amigos e parentes mais distantes, ela nada comentava. Eles não perguntavam, ela não falava.

Para si mesma, dizia: "Vou falar o quê? Não sei de nada!".

Foi quando as comparações começaram a abalar sua confiança. Uma sequência de eventos foi particularmente importante. Leda e Roberto mantiveram a amizade com os pais que haviam conhecido na UTI do Hospital São Luiz. No final de setembro, o pequeno Pietro fez aniversário. Era o início da série de aniversários das crianças nascidas prematuras na mesma época que Nathalia. A cada festa, Leda achava que um vácuo se abria entre a menina e seus diminutos colegas.

Nathalia apenas olhava.

Pupilas dilatadas e rodeadas por um azul bem claro, a menina parecia espantada com o que os amigos conseguiam e ela não.

O aniversário seguinte foi o da própria Nathalia.

Leda sentia-se feliz, a filha completava um ano saudável, linda e livre de febres e vômitos. Mantinha, sim, a rígida disciplina de consultas com Magui e Gilsci, mas respirava, ria e vivia.

Nathalia, de olhos estrábicos, sorriso de anjo e cabelo loiro, exigia que os fãs fossem até ela. Os bebês colegas de UTI passavam por ela, passo hesitante, e Nathalia esticava o bracinho, o esquerdo, querendo perseguir o amigo. Mas era só.

Dias depois, foi a festa da menina Marília.

Crianças engatinhavam pelo salão, em espaços curtos e demarcados, mas parcialmente livres para cumprir a função de provocar orgulho quase insuportável nos pais. Nathalia ainda não falava, não andava, nem mesmo engatinhava. No máximo, olhava tudo com muita atenção e, às vezes, esticava o bracinho esquerdo.

Em uma das festas, Roberto e Leda viram o obstetra oficial, aquele que tinha ido para a praia no feriado. Roberto ficou nervoso, revoltado, e o casal achou melhor ir embora para evitar confusão.

Um dia, Leda foi ao cabeleireiro. Segundos depois de sentar-se na cadeira, ouviu o berro do homem:

– MENINA! Seu cabelo atrás está to-di-nho branco!

É fato que a família Blagevitch ganhava fios alvos precocemente, mas não da noite para o dia. E Leda não tinha nem completado 28 anos. Mesmo o irmão, Ricardo, levaria vários anos para começar a ficar grisalho.

Leda sorriu, fez piada. Saiu do cabeleireiro e foi para mais uma festa, desta vez, a do garoto Giovanni. Agora, todas as crianças engatinhavam – com a única exceção de Nathalia – ou até, trôpegas, ensaiavam seus primeiros passinhos. O pequeno Pietro, pouco mais velho que Nathalia, já disparava alguns sons pouco articulados.

Sossegada e silenciosa, Nathalia continuava no colo.

E cada festa aumentava a ferida dentro de Leda, a ideia assustadora de que talvez nunca conversasse com sua filha, que ela poderia não ser capaz de escolher livremente uma carreira, que poderia não usufruir de uma vida plena.

Em casa, Nathalia eventualmente emitia alguns sons, que poderiam ser princípios de sílabas ou não. E, como Leda podia constatar com as outras crianças, era hora de Nathalia falar. Foi quando conversou com o Dr. Sérgio novamente. Ouviu:

– Não a compare com outras crianças. Só compare Nathalia com ela mesma.

Leda pensou que talvez o "não" dos médicos fosse uma negativa que vinha para ensinar algo. Que era parte da vida, como a história do pai lhe negando dinheiro que não fosse ganho com esforço. Mas aquela ideia passou rápido. Ela ainda não havia desistido da cura. Para Leda, o "não" ainda era uma condenação da qual precisava fugir, como quem foge de uma execução ou deixa um país de dor para trás.

Poucas semanas depois da conversa com o Dr. Sérgio, o casal se preparava para sair e Leda pegou Nathalia no colo para lhe dar banho. A menina encarou a mãe com os grandes olhos azuis, estendeu a mão e disparou:

– Mamaaa!

Leda tentou se controlar. Não estava certa do que tinha ouvido. Se aquele som era Nathalia falando pela primeira vez, então, ela poderia ter plena capacidade intelectual. Não havia um critério médico ou terapêutico no sentimento de Leda, apenas uma esperança à qual se agarrar. Afinal, falar com um ano estava perfeitamente dentro dos padrões.

Nos dias seguintes, Nathalia continuou produzindo sons, cada vez mais seguros.

– Mamaaaaaa...

– Papaaaa...

A cada som novo, Leda se sentia mais certa de que seria possível conversar com a filha. Não houve um momento único de alívio, mas uma certeza crescente se acumulando a cada som emitido. Dois meses se passaram até que a família recebesse dos médicos a confirmação de que Nathalia falava.

Mas o calendário chegou aos dezoito meses de Nathalia, que, com um ano e meio, portanto, ainda não andava, nem mesmo engatinhava. Roberto e Leda procuravam atentamente pequenos progressos obtidos com a fisioterapia e a terapia ocupacional. Magui esticava e puxava; Gilsci estimulava e brincava. Mas era difícil distinguir algum avanço. O sucesso máximo que os pais atingiram foi aprontar a filha para uma foto em que ela ficasse na posição de gato. Seguravam o bracinho até o último segundo, soltavam, disparavam a máquina e Nathalia desmontava a pose, indo rápido para o chão.

Leda decidiu passar o final de semana na praia. Ubatuba, no litoral paulista, era destino constante do casal. Iria enfrentar a possibilidade de frio nos últimos dias de abril.

Nathalia envergava um chapéu amarelo de pescador, vestia um maiô de babadinho, também amarelo, e se divertia com um baldinho de peixe amarelo. E sempre exibia os cabelos loiros cheios de areia. A filha de Leda brincava, sorria e ria. Então, com a mão esquerda, Nathalia pegou uma bola de tênis e jogou longe, na direção da água. Bem, não muito longe, menos de um metro. Rolou no chão para tentar pegar a bola, mas a superfície da areia, branca e fininha que nem farinha, não a ajudou. Leda observava, com preguiça de levantar para pegar a bola, tão perto para ela e tão longe para a filha.

Mão esquerda no baldinho de peixe, Nathalia ergueu meio corpo. E ficou.

Estática.

Imóvel.

Leda se ergueu como se tivesse levado um choque. O coração bateu forte, lembrou os chutes de Nathalia durante a gestação.

TUM... TUM...

TUM... TUM

Lentamente, se aproximou da filha e a segurou pelo bracinho esquerdo. Nathalia olhava para os pés, aparentemente esquecida do brinquedo. Súbito, olhou novamente para a bola. Trêmula, colocou o pé direito adiante. E, com o esquerdo, iniciou uma pequena marcha. Um chutinho leve levantou a água.

Nathalia se movimentava.

O chapéu cobria os olhos de Leda. Ninguém na praia percebeu sua emoção. Pouco importava. Com cura ou não, Nathalia dizia "sim" à vida.

capítulo 6

AÇÃO E REAÇÃO

Qual delas é a boneca?

Nathalia chorava doído, uma cena ainda mais dramática por causa do olho esquerdo, que girava, o estrabismo denunciando o nervosismo da menina. Chorava alto e sentido, como se alguém lhe houvesse aplicado um beliscão. Mas não era nada disso.

O choro era apenas a reação de uma criança descontente. Razão: a terapeuta Gilsci tentava – pela segunda vez naquele dia – pegá-la no colo. Nathi, era assim que todos a chamavam, rejeitou a oferta e continuou no colo de Leda. Na parede, um espelho refletia o esforço das duas mulheres e da menina.

Gilsci e Magui haviam determinado as limitações físicas de Nathi. Testaram as reações usando estímulos como gelo ou água quente e determinaram que o braço direito não reagia. Aquele bracinho tão delicado não se mexia.

Leda foi informada de que Nathi tinha triplegia – isto é, perda total das funções motoras em três membros –, com maior comprometimento no lado direito. Ou seja, não conseguia usar as pernas nem o braço direito. No braço esquerdo, o comprometimento era mínimo. Com muita fisioterapia, o quadro tinha chances de melhora. Magui poderia ampliar o tônus muscular dos outros três membros, e Gilsci, estimular a capacidade motora.

Mas Nathi não queria brincar. Quando parava de chorar, os olhos fugiam de Gilsci e se refugiavam na mãe.

Nesses momentos, Gilsci tentava avançar e estimular Nathi.

Páááá.

Era o som da mão da terapeuta batendo levemente na mesa, procurando obter reações da criança, estimular sua relação com o mundo. Na parede, o espelho fotografava o teatro que se desenrolava, uma história da qual Nathi não tinha interesse em participar.

A recusa restringia as terapias semanais ao esquema de orientação. Portanto, durante 30 minutos, Nathi permanecia no colo de Leda, que ouvia de Gilsci explicações e sugestões de exercícios para fazer em casa. Nathi estava com pouco menos de 2 anos e o colo da mãe era seu refúgio. Mãe e filha eram uma só.

Quando retornava para casa, Nathi sorria, feliz de estar fora do consultório. No aconchego do lar, ficava mais tranquila, mas era ainda uma menina arisca, avessa ao toque, talvez ressabiada de que fossem mais uma vez fazer estica e puxa com ela, talvez simplesmente frustrada por estar em um mundo que suas limitações não lhe permitiam explorar. Leda recebeu recomendação expressa do neuropediatra:

– Coloque a menina em uma escolinha.

Nathi era filha única, neta única e até sobrinha única. Acrescente aí a pouca movimentação e ficará claro por que a menina precisava sair do casulo e conviver mais com outras crianças. Sim, havia coleguinhas, e muitos, na vida de Nathi. Quase todo fim de semana, como se tivessem formado um clube, os pais do São Luiz se reuniam com os filhos. E Nathi reencontrava Giovanni, Pietro, Marília e outros.

Entretanto, durante a semana, a vida social da menina era bem mais restrita. Tinha duas amigas fiéis e constantes, embora nem sempre simultâneas. Uma delas era Carla, que também havia nascido com lesão no cérebro, tinha um nível de comprometimento semelhante ao de Nathi e também frequentava o consultório de Magui e Gilsci. A outra era a vizinha filha de armênios, Mariana, que não falou português antes dos 2 anos. Então, brincavam, felizes, mas do jeito delas, cada uma no seu idioma.

Nathi precisava de mais estímulos; precisava de um grupo.

E assim, em busca de um novo ambiente e novas amizades, a menina começou a passar os dias na escolinha perto de casa. Não foi uma escolha complicada para Leda. Gilsci havia endossado o local, que ainda por cima, vantagem das vantagens, ficava no mesmo quarteirão.

A dona da escolinha não colocou dificuldades para receber Nathi – ela certamente daria pouco trabalho, porque raramente saía do lugar.

Para Leda, a novidade vinha em boa hora, pois Dona Leda, sua mãe, estava com câncer de mama, o que fez sua rotina diária ficar mais complicada. Devido à ausência da mãe, a menina passou a ficar na escolinha ou com a outra avó, Dona Mercedes, mãe de Roberto, que Nathi sempre chamou de Yaya – avó, em catalão.

O principal é que a criança realmente precisava se abrir, sair do colo materno, do chão caseiro, e se aventurar tanto quanto consegue uma criança de 2 anos. Essa era uma questão que não dependia apenas da terapia ocupacional. A relação com o outro é fundamental para definir a identidade de cada um. Assim, a escolinha se torna a primeira experiência fora da família. E o primeiro passo em direção a uma identidade.

Apesar de esta ser uma abertura importante para o mundo, Nathi tampouco se movimentou muito na escolinha. A pequena marcha na areia de Ubatuba enchera Leda de esperança de que ela poderia andar no futuro. Por ora, no entanto, se fosse colocada a um canto, ali ficaria. Às vezes, arrastava-se com o bumbum. A avó Leda lembrou que a mãe Leda também fazia o mesmo e, depois, acabou andando.

– Por enquanto, Nathalia está apenas com preguiça.

Intimamente, a família torcia para que fosse verdade.

Certo dia, Leda chegou à escolinha e a dona veio recebê-la. Pediu informação sobre a filha. A mulher respondeu, sorrindo:

– Ah, ela acabou de passar por aqui engatinhando.

Por uma fração de segundo, passou pela cabeça de Leda a ideia de que podia ser verdade, de que a via crúcis milagrosamente teria surtido efeito, que a pequena marcha hesitante da praia agora havia se expandido para uma mobilidade real, independente.

Só que Nathi nunca engatinhou, nem naquele dia, nem em qualquer outro. Brincava sempre sentada, olhava os amiguinhos sempre de baixo para cima, estava sempre imobilizada. A dona da escolinha não sabia quem era a filha de Leda.

Páăá.

Novamente, o som da mão de Gilsci batendo na mesa, para atrair a atenção de Nathi. Mais uma sessão da terapia ocupacional, que prosseguia a passos lentos. Mas seguros. Mesmo no colo de Leda, Nathi já imitava os gestos de Gilsci, mandava beijinhos e dava tchau com a mão esquerda – às vezes com a mão direita se fechando involuntariamente, o que Magui chamava de "reação associada".

Finalmente, com 2 anos e meio, depois de muitas consultas e orientações, Nathi aceitou o colo de Gilsci.

Só que a terapeuta não ficou livre do choro, que voltou, intermitente. Gilsci experimentou aquela vitória parcial andando pela sala, girando, sentando, tentando fazer a pequena se acostumar com o novo contato. A consulta prosseguiu e o choro foi diminuindo. Já no final, bem no finalzinho, Gilsci sentiu que havia conquistado sua pequena paciente.

A partir daquele dia, Nathi, passou a aceitar melhor as propostas de exercícios, a compreender pedidos simples e, eventualmente, até pedia para brincar. Uma nova etapa, não menos difícil, começava.

O objetivo de Gilsci era fazer da terapia um jogo, uma forma de a menina começar a descobrir o mundo guiada por exercícios terapêuticos. Que pegasse a bola, o chocalho, que jogasse no chão, ouvisse o barulho. Que encaixasse, torcesse, virasse. Que aprendesse a lidar com o mundo diante dela, assim rezava o conceito de Berta e Karel Bobath, a dupla que fugiu da Alemanha (os dois também recomendavam que ocasionalmente, durante a terapia, a criança se olhasse no espelho, o que ajudaria a perceber a diferença entre ela mesma e o outro). Nathi buscava se entender com o mundo e tudo o que havia nele.

Mas qualquer esforço fazia o corpinho se contorcer, a mão direita se fechar. Nathi estendia a mão esquerda em um esforço para brincar, mas não se sentia à vontade, chorava, e a brincadeira perdia a graça antes mesmo de começar. Era uma criança de 2 anos e meio que não atingia facilmente o prazer de se divertir. Pelo menos, não durante a terapia.

É importante compreender como o desenvolvimento de Nathi havia sido difícil até aquele momento. Um bebê costuma levar o pé à boca, percebe partes do corpo e, a partir dessa exploração tátil, sua mente compreende o mundo que o rodeia; o sistema nervoso começa a se organizar. Nathi queria pegar e alcançar, mas o tônus muscular insuficiente fazia falhar a mão, a perna não se sustentar.

A criança desanimava; o estímulo do mundo podia deixar de fazer efeito para a menina.

Mais um dia de terapia. Dessa vez, apenas Gilsci e Nathi na sala. Leda viria pegar a filha no final.

– Acho que ela está com fome, Nathi.

A pequena ignorou a frase de faz de conta e desviou o olhar da boneca que Gilsci segurava. Olhou para o seu reflexo no espelho e depois para a porta, como se suplicasse para a mãe chegar logo. A consulta estava terminando e Nathi havia passado por todas as fases, começando pelo choro, depois o tagarelar balbuciante de uma menina de quase 3 anos e, por fim, a indiferença.

Gilsci ultrapassou o bloqueio do colo materno e trouxe Nathi para si, mas essa vitória parcial era apenas o princípio do trabalho.

– Nathi, a boneca quer brincar com você, insistiu a terapeuta mais uma vez.

Com mobilidade reduzida nas pernas e apenas o braço esquerdo para se apoiar, a menina não tinha a opção para se afastar de Gilsci. Cansada de quase trinta minutos de choro, discursos de criança e evasivas, Nathi agora preferia ser direta.

– Não.

Toc, toc, a batida na porta, dada pela secretária, indicava que a mãe da menina havia chegado. Gilsci puxou Nathi para seu colo e se encaminhou para a porta, dando por encerrada a consulta.

A terapia ocupacional é um processo que se pretende agradável, usa o lado lúdico natural de todo ser humano e, nos pequeninos, é a base da atividade intelectual. A maioria dos pacientes de Gilsci aceitava o jogo com certa facilidade, mas Nathi não estava sendo tão fácil. A personalidade forte herdada da família parecia resistir à proposta da terapia.

Entretanto, a sagacidade da menina iria surpreender um observador ocasional que a considerasse atrasada para a idade. Certa tarde, Leda se preparava para iniciar a longa montagem de Nathi. Era um processo complicado, que envolvia uma infinidade de apetrechos.

O primeiro passo era vesti-la com um belo vestidinho. Naquele dia, era um amarelo com flores lilás, rodado, de laço atrás, uma coisa linda. Leda fez o habitual rapidamente, mas com alegria. Nathi olhava a si mesma no espelho, com uma fisionomia atenta e intrigada.

Então, começou a parte incomum.

Leda colocou primeiro a faixa derrotatória, um elástico que ia da cintura até os pés, usado para acertar o prumo, fazer as perninhas que iam para dentro passarem a se virar para fora – na linguagem médica, fazer a derrotação, daí o nome da faixa. Vira, enfia, puxa um pé, puxa o outro pé.

E Nathi se manteve estranhamente quieta durante todo o tempo de colocação do apetrecho.

Em seguida, os tutores, hastes de metal que acompanham dos pés às coxas para dar sustentação. Estes foram um problema especial para os jovens pais, pois era um acessório de metal que custava quase 20 salários mínimos. Comprado com suor, exigia ainda mais suor para ser montado de manhã e desmontado de noite. Puxa uma perninha, coloca o tutor, puxa a outra perninha, coloca o outro tutor. Gruda um velcro, gruda o outro. Àquela altura, Leda já tinha desempenho de alta velocidade: capacidade e destreza adquiridas após meses de montagem diária.

Na mão direita da menina, que costumava se encolher, a mãe aplicou um pequeno acessório usado para alongar e abrir o dedão – ou seja, um extensor de polegar.

Mas algo não estava mesmo certo para Nathi. Leda também estranhou. Algo estava fora do lugar. Olhou para o espelho, onde se refletia a imagem de mãe e filha arrumadas e quase prontas para sair.

Não, não, está tudo certo.

Prosseguindo, Leda aplicou o tampão no olho bom, deixando livre o estrábico, assim ele ficaria mais forte. Puxa a cabeça, coloca o tampão, último elemento.

Bem, faltavam ainda os acessórios femininos, que Nathi adorava. No cabelo, a menina podia escolher uma lulu, tiara ou a popular piranha. Foi a tiara. Na mão, um anelzinho e uma pulseira. Na orelha, um brinco e, no pescoço, a eterna correntinha.

Montagem concluída, a boneca de Leda estava pronta.

Foi quando Nathi revelou a charada. Exclamou, com um sorriso travesso e alegre:

– Mamaila, tô sem calcinha.

...

...

Braços caídos, olhos para o teto, Leda não disse palavra.

Capítulo 7
O OUTRO

Exercitando-se na equoterapia

N

Dona de espírito vivo, Nathi ainda tinha movimentação física quase nula, mesmo em casa. Continuava sem engatinhar. Andar, então, continuava um sonho distante da mãe – mas Leda não desistia. Com pouco menos de 4 anos e após muita fisioterapia, Nathi não conseguia se manter de pé sozinha.

Por indicação de Magui, a mãe dedicada comprou mais um equipamento. Leda recebia pedidos como esse com satisfação. A cura era ideia fixa, pensamento constante que a acompanhava e a levava a cada congresso ou palestra que descobrisse, eventos destinados ao público técnico, mas aos quais comparecia, mesmo sendo leiga.

Portanto, ouviu a nova recomendação de Magui e não demorou a procurar a novidade. O equipamento era chamado pelo nome em inglês mesmo, *"stand-in-table"*, uma caixa de madeira na qual a criança é colocada e delicadamente prensada para ficar de pé durante algum tempo. Objetivo: melhorar a postura e o tônus corporal. Mais do que isso, em pé, Nathi deveria olhar o mundo a sua volta por outra perspectiva. Era como se fosse um pódio de onde encarava todos de frente ou até de cima (e sem precisar estar no colo de ninguém). Pela primeira vez, não era de baixo.

Havia uma bandeja no equipamento que a criança podia usar para desenhar ou brincar. Nathi detestava o *stand-in-table*.

Leda tentou criar um momento especial, em que brincava com a filha em pé naquela caixa, mas logo Nathi se entediou e quis sair. A mãe, que não desiste fácil, chegou a levar um *stand-in-table* para a escolinha, decidida a tudo para alcançar a cura da filha, mas também lá Nathi fugiu do equipamento.

A menina só não fugia da escolinha, onde encontrava amigos. Nathi era uma criança que cada vez mais buscava a companhia de outras. Para estas, a menina era uma amiguinha presa ao chão, de mobilidade reduzida. No futuro, talvez fosse vista como diferente. Ali, era apenas uma criança, das mais risonhas e falantes. Dessas que querem brincar.

Naquela terça-feira quente e seca, Leda correu, aprontou o material de trabalho e rumou para o quarto de Nathi para levá-la à consulta de Gilsci.

– Nathi, hora da terapia.

A menina pareceu não escutar, absorta que estava brincando dentro da *stand-in-table*. Surpresa e satisfeita, a mãe se aproximou lentamente e ficou observando, silenciosa, da porta do quarto. Nathi não percebeu sua presença, de costas para a porta e de frente para um espelho na parede, no qual Leda podia ver o rosto da filha e a cena inédita da brincadeira.

Nathi – canhota por imposição, decorrência do braço direito comprometido – rabiscava papéis com um lápis de cor enquanto dizia em tom firme:

– Bebê precisa colorir direito! Se não aprender, não pode ir para a escola.

Nathi reconhecia o outro na boneca, dava até ordens e expressava desejos. Líder ou mandona? A personalidade da menina se desenhava e poderia evoluir em qualquer direção.

Leda se aproximou e pegou a menina no colo para levar para o consultório.

Na sessão, Gilsci repetiu o exercício.

Nathi respondeu com firmeza:

– A nenê quer cozinhar.

Sentada no chão, Nathi apontava a panela com a forte mão esquerda, enquanto eficientemente mantinha a boneca no colo sob a mão direita. Já passava da metade da consulta e a menina não havia chorado nenhuma vez. Compensou com muita tagarelice, claro, com uma eloquência que já ultrapassava sua pouca idade, indício certo de uma habilidade futura. Eram longas e complexas histórias que ela contava e Gilsci acompanhava sorrindo.

Os meses se sucederam. Agora, já fazia mais de um ano que Gilsci decidira iniciar as atividades com o objetivo de desenvolver habilidades para a vida diária.

O trabalho conjunto de fisioterapia e terapia ocupacional dava frutos. A mão direita respondia melhor e estava mais funcional, Nathi vencia a limitação da percepção e do corpo para soltar a imaginação no faz de conta em que incluía o outro, suas vontades e possibilidades. E assim reconhecia seus próprios desejos.

Um dia, na saída do consultório, Magui chamou Leda para sugerir uma cirurgia. A novidade foi, para a mãe esperançosa, o símbolo mais forte de um início de cura. Mas a tal cirurgia era indicada apenas para os casos mais graves. Em crianças, precisava ser cuidadosamente planejada. Se um imprevisto ocorresse, parte da força do joelho poderia ser irremediavelmente perdida. Certo, Nathi não tinha força alguma, mas um problema no procedimento poderia inviabilizar qualquer progresso futuro.

Era uma quinta-feira de setembro, menos de dois meses antes de Nathi completar 4 anos. A menina faltou na escolinha e pai, mãe e filha se encaminharam para o Hospital Albert Einstein, onde seria feita a cirurgia. Naquele dia, a ação da natureza seria parcialmente revertida. A lesão de Nathi lhe roubou o desenvolvimento natural dos primeiros anos e, como consequência, seus tendões se encolheram e atrofiaram. A medicina poderia lhe restituir uma parcela do que havia perdido. Ou, então, ferir ainda mais profundamente a pequena.

No ambiente já conhecido do hospital, Nathi chorava. Se tivesse consciência do que fariam com seu corpo, choraria mais ainda. Cortar o corpo para curar é um costume que já existe desde a pré-história. O fundamental – cortar, consertar e fechar – não se alterou desde então. Basicamente, Nathi entraria na faca.

No caso dela, o corte seria na parte de baixo das panturrilhas, para alcançar e alongar os tendões de aquiles. Nathalia tinha dificuldade para ficar de pé; quando ficava, o corpo caía para a frente e os pés ficavam em ponta.

O comandante da cirurgia seria um médico bastante respeitado, João Vernieri. Ele faria incisões na perna da menina para alcançar os tendões; então, uma secção (corte) em cada um deveria alongá-los – seriam meros dois ou três centímetros – e, finalmente, viria a sutura. Esse processo – a um só tempo simples e assustador – devolveria a ela a possibilidade de um dia se erguer e caminhar. Em teoria, claro.

Para Leda, era como se a filha estivesse entrando em um funileiro – seria furada, cortada, revirada e soldada. Não estava completamente errada. Apesar de todo o avanço obtido no século 20, com anestesia, esterilização e precisão, uma cirurgia ainda é um processo violento e perigoso.

Nathi, por sua vez, entrou na sala de cirurgia sem entender bem o que iria acontecer. Chorava, chamava "mamaila", como quando queria muito algo. Mas entrou.

Do lado de fora, Leda esperou. Haviam dito que, em média, uma cirurgia como aquela durava duas horas.

Leda esperou uma hora. Duas horas.

Três horas e nenhuma notícia.

Quatro horas e ainda estavam lá dentro cortando e revirando sua filha. Leda se sentia mais velha a cada minuto. Passava das cinco horas de cirurgia quando finalmente uma enfermeira veio avisar que havia terminado o suplício.

Ao final...

Tudo correu bem.

Quando saiu, Nathi tinha um gesso em cada perna.

De volta à casa, estava ainda mais imobilizada com aqueles dois gessos pesados. Entre uma perna e outra, uma ligação de gesso, fazendo da menina um boneco imóvel da cintura para baixo.

Ficaria com o gesso durante três semanas. Depois, ainda sentiria dor durante algum tempo e o trabalho real seria retomado na fisioterapia com Magui. Talvez percebessem algum resultado meses depois.

Leda pensava nisso quando ouviu o toque da campainha. Nathi estranhou, pois a mãe não havia mencionado nenhuma visita. E era dia de semana, o avô não vinha. Também não tinha Magui, nem Gilsci naquele dia, então, não podia ser a avó vindo buscá-la. Quem tocava?

Não era uma visita; eram várias. Nathi ouviu a voz da professora e um alarido de crianças. A porta se abriu e a classe inteira – OK, eram sete crianças – entrou curiosa para visitar a amiga. Nathi sorria feliz ao ver a casa cheia, ela que tinha pensado não ver os amigos naquela semana. A classe da escolinha visitava em casa a amiga, que estava mais imóvel do que nunca e, mais do que nunca, reconhecia a importância da presença dos colegas.

Roberto, pai emotivo, se comoveu ao ver a felicidade da filha. Quando a classe partiu, ele ergueu a menina e girou, girou, fazendo o riso de Nathi preencher a sala. Observando os dois de longe, Leda segurou o receio comum de que Roberto acabasse soltando a menina, mais pesada por causa do gesso, e ela voasse contra a parede, fragilidade despedaçada...

Nada de terrível aconteceu. Ela rodopiava com o pai, as duas perninhas unidas pelo gesso fazendo a velocidade aumentar, o mundo de Nathi girar cada vez mais rápido.

E o riso continuou a ecoar.

Capítulo 8
ACEITAÇÃO

Pronta para ir à escola

Os pescoços se viraram à medida que as meninas passaram. Alguns, discretamente. Outros, acintosamente. Leda atravessou o restaurante, levando pelas mãos, de um lado Nathi, agora com 4 anos, e, de outro, a amiga de mesma idade, Carla. As duas se apoiavam em Leda e o trio avançava devagar. Leda resistiu ao desejo de se virar e encarar aquela gente sem educação nem decência. Nathi e Carla sequer perceberam o alvoroço ao redor. Sorriam apenas.

Era janeiro de 1995 e havia sido um começo de ano corrido para Leda. Não porque o Brasil passasse por uma crise econômica. Os negócios iam bem na empresa de Ricardo, seu irmão, e o volume de trabalho trazia satisfação. A correria – não tão cansativa, mas de fato estressante – tinha sido conseguir uma nova escola para Nathi. A escolinha da esquina de casa havia fechado e conseguir vaga em outra se mostrou mais complicado do que ela imaginava. Tinha sido esse o tema principal dos almoços de domingo entre Leda e Teresinha, mãe de Carla, que também estudava na escolinha com Nathi.

As duas mães se dividiram na busca. Haviam se conhecido na sala de espera do consultório de Magui. Ligavam, marcavam visita e, filhas a tiracolo, visitavam as escolas.

Na primeira, Leda achou o lugar grande demais, cheio de acidentes no percurso, o que provavelmente dificultaria a locomoção de Nathi, com ou sem ajuda de terceiros. Na segunda, as classes tinham muitos alunos, a filha certamente não receberia muita atenção – o que é problema mesmo para crianças sem deficiência

Na terceira, a diretora olhou para Nathi e deu uma resposta direta.

– Infelizmente, não tenho estrutura para receber sua filha.

Achava que precisaria colocar um professor assistente na classe, o que simplesmente não era possível.

Tudo foi dito com clareza, em termos muito práticos. Fora certo incômodo, a mulher não parecia particularmente envergonhada em negar vaga para uma criança.

O que passa pela cabeça de um educador que se comporta dessa maneira é bastante previsível. Os especialistas garantem que a reação "não estou preparado para receber seu filho" é típica de quem tem medo. Não há maldade. É um indício do mecanismo de defesa entrando em ação, uma resposta ao desconhecido. Diante da mãe de um filho com deficiência, o educador ansioso é invadido por um vazio no estômago, o coração se acelera e ele sente um leve aperto no tórax. Mesmo que não aparente, que tente demonstrar neutralidade e profissionalismo.

Assim, o educador opta pela reação mais simples. O "não". O que é contraditório, porque o verdadeiro professor e educador tem o compromisso fundamental de educar, deve aceitar uma criança, para depois procurar se informar, caso ainda não esteja preparado.

Contudo, ainda era o início do ano de 1995.

Os tempos eram outros, a lei não obrigava a atender.

Fosse algum tempo mais tarde, Leda teria oferecido pagar um professor adicional, pagar o que fosse necessário.

Hoje, teria simplesmente subido na mesa.

Mas Leda ainda não sabia. E, ao lado dela, Nathi parecia não se incomodar.

Em uma quarta escola, a sugestão foi que Nathi deveria ser colocada em uma instituição especializada, específica para crianças com deficiência. Mais uma forma de dizer "não".

Leda lembrou-se das recomendações do neuropediatra e de Magui, que haviam sido bem claros sobre a necessidade de Nathi frequentar uma escola comum. Para Leda, a principal preocupação era que as instituições especiais não faziam distinção entre alunos com deficiências físicas ou intelectuais. Se fosse para uma dessas, Nathi não receberia o estímulo adequado que uma criança de plenas capacidades intelectuais precisa.

Mas não era só isso. Mesmo que a instituição especial segregasse em uma classe apenas as crianças com deficiências físicas, ainda seria inadequado. Nathi devia e precisava ir para um colégio comum. Em resumo: não era doente, não tinha que ficar isolada.

Na sessão de fisioterapia seguinte, Leda reencontrou Teresinha e a filha, Carla. Trocaram decepções e frustrações e resolveram perguntar a Magui o que fazer. Foi quando a fisioterapeuta sugeriu que tentassem uma escola construtivista perto dali.

Foi o fim de uma busca e o início da real vida escolar de Nathi. A escola era relativamente nova, havia sido fundada três anos antes em um sítio tombado como patrimônio arquitetônico de São Paulo. A casa era de taipa de pilão, no meio de muitas árvores, e diziam que ali teriam morado os antigos bandeirantes. Nathi dava início à sua própria exploração, quando passaria a construir suas primeiras hipóteses sobre o mundo.

No primeiro dia de aula, Leda montou Nathi: sainha, camiseta, elástico, tutores, extensor no polegar, tampão no olho bom, piranha no cabelo, pulseira no braço. Pegou a menina no colo e pediu para a empregada ajudá-la com o andador – era de madeira maciça, não dava para carregar tudo.

Na porta da escola, Leda insistiu com a filha para que levasse o andador. A cirurgia do ano anterior permitiu que a menina ficasse com os pés retos no chão. Mas, desde então, os joelhos da menina passaram a ir para trás, sendo necessário um esforço enorme forçá-los para a frente. Caminhar permanecia uma tarefa sobre-humana. Nathi ainda não conseguia ficar de pé sozinha.

A filha recusou o andador, Leda a pegou no colo e andou cerca de 70 metros, atravessando toda a escola até chegar à sala de aula. Lá encontrou Patrícia Ferraz, a professora do Jardim I.

Quase ninguém está apto a trabalhar com educação inclusiva até chegar à turma um aluno para ser incluído. Felizmente para Nathi, aquela não era a primeira experiência de Patrícia. Antes daquela escola, a professora havia trabalhado em outra que mantinha "salas especiais" para alunos com deficiência. O "especial" ali não era algo positivo. Mal a mãe dava as costas, certa de que o filho estava sendo educado e estimulado, ele era colocado em um depósito. Sozinho. Deixavam um Lego com a criança e, de vez em quando, a faxineira vinha olhar como ela estava.

Um dia, Patrícia puxou a mãe da criança de lado e sugeriu que ela viesse buscar o filho de surpresa, sem avisar a hora. A mãe veio e encontrou o filho sozinho no depósito "especial". A diretora demitiu Patrícia na mesma semana. Foi assim que ela acabou indo parar na escola em que Nathi estudaria, uma instituição que se orgulhava de ser inclusiva e nunca rejeitaria nenhum aluno.

Logo no primeiro ano na nova escola, Patrícia conheceu um aluno com paralisia cerebral, uma lesão como a de Nathi, mas bastante severa. Não andava, não falava, não tinha movimento nenhum e sempre ficava na cadeira durante a aula. No ano seguinte, chegou outro aluno com a mesma condição. Este era um caso leve, mas o garoto era muito agitado. Sempre que podia, fugia de Patrícia e se escondia pela escola. Esses dois alunos, entre outros, foram a prova concreta de que a escola acolhia crianças com deficiência, o que era um salto enorme em relação às outras escolas que Leda tinha visitado.

Nathi chegou à escola dois anos depois de Patrícia. Diante dos outros dois alunos, não chegava a ser um desafio para a professora.

Mas Patrícia conheceu um novo tipo de desafio com Nathi.

– Hora do intervalo, criançada!

Nathi continuou desenhando, mesmo quando seus colegas levantaram e começaram a sair da sala. Patrícia fez um sinal para a professora assistente seguir com a classe e se aproximou da nova aluna loirinha.

– Nathi, vamos brincar lá fora?

– Tô com preguiiiiça. Prefiro desenhar aqui.

– Nananinanão. Hora de brincar lá fora.

– Só se for no colo.

Não era uma cena nova. Nathi sempre se recusou a usar o andador, principalmente na escola. Dois meses haviam se passado desde a chegada de Nathi e a chantagem emocional era sempre a mesma: a menina levantava os lindos olhos claros e derretia a determinação de Patrícia.

– Não, lindinha. Você tem que andar.

– Bruxa má.

A acusação foi acompanhada por uma carinha triste, um indício de dor. Puro artifício. O único sinal de estresse real estava nos olhos estrábicos, o direito fixo em Patrícia, enquanto o esquerdo oscilava nervosamente.

– OK, Nathi. Só dessa vez, hein?

capítulo 9

BUSCA MATERNA

Com a mamãe, Leda

N

No final daquele ano, pouco antes de comemorar o aniversário de 5 anos, Nathi se encaminhou para mais uma cirurgia. Dessa vez, os olhos foram o alvo da faca.

Apesar de a ideia assustar Leda, era importante se livrar daquele estrabismo. Ele atrapalhava a concentração da menina, especialmente quando estava nervosa. Sem contar o impacto que teria na autoestima e na imagem diante dos outros. Uma imagem da qual Nathi começaria a ter consciência cada vez mais. O momento era agora.

Essa era a opinião do cirurgião, Mauro Plut, médico muito falante que explicou a Leda que o estrabismo ocorre com frequência em crianças com paralisia cerebral. O que mantém o olho alinhado é o cérebro e qualquer alteração ou lesão pode fazer a pessoa perder o foco.

A família ainda estava abalada pela maratona da cirurgia anterior e Leda hesitou, pois aquele procedimento era uma escolha, podia ser evitado. Plut argumentou que a correção do desvio ocular melhoraria não só a estética, mas também a autoestima da menina. Era um ponto importante. A mãe receava que, sem a correção, Nathalia pudesse ficar traumatizada.

Leda ainda ouviu de Plut que a cirurgia seria breve e Nathi estaria em casa rapidamente. O problema era que, por mais simples que fosse, os riscos da intervenção eram os mesmos de qualquer outra: infecção, hemorragia, cicatrizar demais ou cicatrizar de menos. Em adultos, o cirurgião pode usar anestesia local, com crianças, só se usa anestesia geral.

O estrabismo divergente é o que ocorre com mais frequência: os olhos se voltam para fora e sua correção costuma envolver a manipulação de somente dois músculos, os horizontais. Nathi apresentava um tipo diferente, olhava para dentro, com variações verticais, e o cirurgião precisaria mexer tanto nos músculos horizontais como nos oblíquos.

Plut faria pequenos cortes, alongaria e encurtaria; depois, a pequena membrana cicatrizaria. De novo, Leda pensou na filha sendo furada, puxada, manipulada. De novo, ela estava sendo mandada para o funileiro. Na cabeça da mãe preocupada, vinha aquela ideia assustadora: bate aqui, aperta ali, puxa lá.

Quando a cirurgia terminou, a mãe correu para ver a filha. Tiraram o curativo, revelando uma imagem que nunca mais sairia da mente de Leda: minúsculas lágrimas de sangue saíam dos dois olhos de Nathi.

O cirurgião explicou que era corriqueiro e que poderia acontecer de novo se a menina tossisse, por exemplo. De tarde, Nathi já estava em casa. A partir daquele dia, o estrabismo diminuiu consideravelmente, embora continuasse acontecendo em momentos de extremo cansaço, tensão ou febre. Tanto que, durante muitos anos, Leda não precisaria de termômetro – diagnosticava a febre da filha só pelo olho dela saindo do prumo.

Entretanto, ela não chorou sangue de novo.

Durante meses, a professora Patrícia insistiu com Nathi para ela sair andando para o recreio. A persistência era simultânea ao trabalho de Magui na fisioterapia e ao cuidado de Leda em casa. Aos poucos e amparada somente pelas mãos de Patrícia, Nathi aceitou vagar pela escola de chão incerto, ora terra, ora pedra, superfícies estimulantes para crianças em geral, mas especialmente difíceis para a menina. E ainda era um ato sujeito ao humor da criança, para quem uma caminhada seria sempre um processo lento e hesitante. Havia seus momentos alegres, em geral acompanhados pela mão firme de Patrícia, como nas festas juninas, em que a professora dançava com sua aluna durante quase todo o tempo, antes de os pais entrarem na dança.

Só que o estímulo para Nathi na escola não estava restrito à determinação de Patrícia. Quando entrou na escola, Nathi ganhou uma amiguinha importante: Juliana Favero. Talvez influenciada pelo exemplo da professora, a pequena Juliana – que tinha a mesma idade da amiga – passou a pegar Nathi pelo braço com frequência cada vez maior.

A caminhada pela escola se tornou um ato de amizade e solidariedade. Nathi e Juliana andavam lentamente, braço dado, para lá e para cá. Elas se amparavam. Magrinhas, encostavam osso com osso na caminhada, a ponto de Juliana sentir dor. Era um esforço bem grande, mas nenhuma das duas desistia. Assim, Nathi trocou definitivamente o andador – depois seria a bengala – pelo contato humano, uma troca que manteria pelo resto da vida.

Mas os joelhos de Nathi continuavam indo para trás, mais ainda após a operação nas pernas, depois que os pés puderam ficar apoiados por inteiro no chão.

E Leda perseverou na busca de soluções, principalmente porque não queria recorrer a uma nova cirurgia.

Uma das novidades terapêuticas foi andar a cavalo, o que chamam de "equoterapia". Apesar de curiosa, a proposta é bem simples. Os movimentos ritmados do cavalo são parecidos com os da pélvis humana durante uma marcha. O local escolhido foi o Regimento de Cavalaria 9 de Julho, que tinha lindas montarias. Só que Nathi teve medo, achou o cavalo muito alto, ainda mais alto para aquela menina de 6 anos que estava sempre muito perto do chão. Mais uma vez, chorou muito.

Aos poucos, foi se acostumando com o animal. O quadril da pequenina sentia o movimento, bumbum para a direita, bumbum para a esquerda, o balanço subindo a coluna e alinhando o tronco. O ritmo sincopado promovia uma massagem interna contínua, que educava e estimulava o desenvolvimento motor. Aos poucos, chorou menos, acabou aceitando, enquanto o corpo respondia bem e as pernas ficavam mais grossas e fortes. Apesar disso, nunca mais quis subir em um cavalo depois que cresceu.

Então, sugeriram a Leda que aplicasse botox nos músculos rígidos e espásticos da menina. A toxina botulínica, popularmente conhecida como botox, havia sido aprovada no Brasil quatro anos antes, em 1992, para usos medicinais. Na prática, a toxina botulínica age entre o músculo e a terminação nervosa, bloqueando parcialmente a comunicação com o cérebro e, consequentemente, relaxa os músculos. Leda selecionou a clínica mais renomada, que era em Campinas, a quase 90 quilômetros da capital, e viajou para a aplicação de botox em Nathi.

Quem fazia o procedimento era uma neurologista de fala suave, chamada Elizabeth Quagliato. Ela dava a primeira picada em um ponto entre o braço e as costas e ia descendo em direção aos dedos da mão. Nathi foi picada no ombro, ali na saboneteira, descendo pelo braço, no meio de cada músculo, no bíceps, mais uma, mais duas, mais três vezes e berrou a cada uma delas.

Antes de a aplicação começar, Elisabeth avisara Leda que seriam dezessete picadas, mas que todo o procedimento não duraria mais do que dez minutos. Nathi ignorou as explicações da especialista sobre como as picadas eram indolores e optou pelo berreiro. Também não ligou muito quando Elisabeth aplicou botox na testa de Leda para provar que não doía nada – na verdade, a mãe achou que doía um pouco, mas não falou, para não aumentar o desespero da filha.

Ainda na oitava picada, Elisabeth deu uma piscada para Leda e retirou a agulha sem que Nathi notasse. Então, encostou a seringa – sem agulha – no bracinho da menina. Teve como resposta um berro ainda maior do que os anteriores.

Quando terminaram a aplicação, mãe e avó levaram Nathi para o zoológico de Campinas e tudo pareceu ter ficado para trás. Mas Leda sabia que o efeito do botox duraria somente alguns meses; teriam de voltar outras vezes. Após a aplicação, os músculos relaxavam e era hora de pegar pesado na fisioterapia com Magui, que passou de duas para três sessões por semana. O relaxamento dos antigos feixes musculares rígidos era também uma oportunidade de fortalecer os outros. Sem contar o esforço concentrado em casa, onde Nathi precisava repetir os exercícios diariamente. Para Leda, a busca da cura continuava e estava logo ali, ao alcance dos dedos.

De qualquer novidade ou ideia que sussurrassem no ouvido dela, Leda ia atrás. Fosse vasculhar em uma loja especializada, na Associação de Assistência à Criança Deficiente (AACD) ou em qualquer outro lugar da cidade. Ou encomendar um equipamento de outra cidade, até do exterior se necessário. Ao mesmo tempo, as visitas médicas se sucediam, especialistas de todos os tipos, que às vezes tomavam a tarde inteira das duas Ledas de Nathi: a mãe e a avó materna.

Dona Leda, a avó, começou a acompanhar suas garotas em outra tentativa de melhorar a coordenação motora e o desenvolvimento muscular da neta: a hidroterapia, que também deveria reduzir a espasticidade. Não havia muitos lugares com a modalidade, ainda novidade no Brasil. Quando acharam, ficava longe e a mãe precisava atravessar a cidade até um casarão no Brooklin, onde deixava avó e neta para a sessão.

Foi um inferno no início. A piscina era coberta e aquecida, mas mal Nathi entrava no imenso jardim na frente da casa e já desabava no choro. E chorava durante toda a duração da aula. É compreensível que o cenário causasse certo desconforto em uma criança tão nova. Havia quatro fisioterapeutas, um para cada paciente. Nathi era a única consciente. Do lado esquerdo, um senhor de idade muito avançada balbuciava palavras sem sentido e fazia xixi na água. Do lado direito, uma linda menina pré-adolescente, vitimada por uma doença degenerativa que não lhe afetava a aparência, mas a fazia sentir muitas dores e raramente sorrir. Entre os dois, havia a terceira paciente, uma mulher de 40 anos, também linda, de olhos azuis e cabelos negros, que ficara imobilizada após um acidente de carro.

O ambiente era desolador.

Capítulo 10
Consciência

Em equilíbrio

A possibilidade de uma atividade menos deprimente acabou surgindo na escola. Juliana e as amigas manifestaram o desejo de fazer balé e Nathi achou que também poderia. Veio a primeira aula, quando Leda percebeu que a sala era simples e não havia o corrimão para as meninas se segurarem. O clássico apetrecho seria absolutamente fundamental para uma aluna como Nathi, que não tinha como ficar de pé sem algum apoio.

Mas a professora de balé ficou segurando a mão de Nathi durante toda a aula. De alguma forma, aquilo incomodou profundamente Leda. Perguntou para Magui o que ela achava e ouviu uma resposta simples.

– Ué, coloca você uma barra na sala!

No dia seguinte, lá estava Leda na escola dizendo que pagaria de bom grado pela barra, que ela mesma cuidaria de colocar. Achou um serralheiro idoso que também tinha uma pequena deficiência na perna e continuaria a fazer serviços para ela ali e em outros lugares por vários anos, inclusive em sua casa. Porteira aberta, Leda pediu para adaptar também o banheiro da escola, colocando um puxador na parede para funcionar como barra de apoio para Nathi.

No final daquele ano de 1995, a menina subiu ao palco. Na verdade, ficou na ribalta durante toda a apresentação, fazendo movimentos com o tronco. A ocasião tornou evidente que a menina sentia certo deleite em ser o centro das atenções. Enquanto Leda sempre fugia, tinha vergonha, os olhos de Nathi brilhavam quando via um microfone ou um palco.

Seis meses depois, em uma festa no meio do ano de 1996, Nathi virou centro das atenções de novo. Estranhamente, dessa vez aceitou o andador. Não o pesadão antigo, mas um novo, de alumínio e todo rosa, que a menina passou a amar. Era mais uma festa junina, e Nathi assumiu papel de destaque, com o andador e ela mesma cobertos com uma batina de padre.

Leda tentou suprimir o medo de que a filha caísse durante a dança, principalmente porque a amiga Carla havia sofrido uma queda na festa de formatura do ano anterior. Em seu íntimo, a mãe achava toda aquela exposição desnecessária. E, de fato, ninguém esqueceu a atuação de Nathi naquele espetáculo. Mas nada trágico. A visão cômica e cativante arrancou suspiros e sorrisos da plateia, admirada com a coragem e a alegria daquela menina loira.

A vida de Nathi não era uma gangorra de altos e baixos. A rotina repetitiva de consultas e terapias era entremeada pela presença cada vez mais constante de amigas fiéis. No ano de 1998, foi preciosa a companhia de Juliana. Agora, as duas amigas estavam na primeira série do primário – o atual segundo ano do Ensino Fundamental I –, que ficava em uma unidade maior da escola. Nesse período, a avó, Dona Leda, passou a ir buscar as duas, pelo menos duas vezes por semana, quando havia aulas também à tarde. Elas iam para sua casa e eram mimadas com batata frita, refrigerante e pavê de chocolate. Às vezes, a avó ligava um dia antes, perguntando o que as meninas gostariam de comer, principalmente depois de ouvir que as duas detestavam a comida da merenda. Um preço muito, muito pequeno para preencher a casa com a risada alegre das amiguinhas brincando sem parar até a hora de voltar para a escola.

O riso se propagava no lugar certo. Um observador mais atento perceberia que Dona Leda concentrava na sua personalidade a origem de toda a alegria da família Blagevitch. Quando iam para Campinas, era a voz dela que se ouvia a maior parte do tempo na estrada. Nathi herdaria muito dela. Nunca ninguém viu Dona Leda triste.

Meses antes, depois da segunda aplicação de botox com todas as dezessete picadas da escápula, ou omoplata, até os dedos, Leda havia intimamente ponderado que talvez fosse melhor parar. O botox era uma maravilha logo após a aplicação; os músculos relaxavam, os braços caíam e ficavam retinhos ao longo do corpo. Mas logo a rigidez voltava. Quando chegou perto da terceira aplicação, o médico João Vernieri pediu a Leda que ao menos aplicasse o botox nas pernas de Nathi. Assim, enfraqueceria os músculos retos da coxa, ou retos femorais, e seria possível imaginar o efeito da cirurgia, que agora parecia inevitável se quisessem realmente progredir com o caso de Nathi.

Quando voltaram, Nathi jurou que nunca mais aceitaria o botox. Iria dar um *show*, espernear, berrar e chorar mais do que nunca. Só tinha 7 anos e meio. Leda se perguntou se aquilo tudo valia a pena. Os músculos haviam relaxado e a garota conseguia esticar a perna e até caminhar com mais facilidade do que antes. Entretanto, o progresso parecia ter atingido seu limite e o Dr. Vernieri havia dito para Magui que talvez o melhor fosse mesmo fazer a nova cirurgia.

Naquele fim de semana, a família resolveu aproveitar a praia em Ubatuba, a mesma onde Nathi havia realizado sua pequena marcha. Foi a busca de um instante de relaxamento. No sábado pela manhã, já no litoral, Leda fez a montagem de Nathi para sair, colocou maiô, extensor, elástico e tutor. A família rumou para a praia a pé: Leda de um lado, Roberto do outro, Nathi no meio, mãos dadas com ambos. Três quarteirões de caminhada para acordar.

Ainda no primeiro quarteirão, uma senhora que vinha logo atrás do trio perguntou:

– O que ela tem?

Leda e Roberto continuaram olhando para a frente, evitando o olhar da senhora, que não parecia ter nenhum problema além da falta de bom senso.

– A menina está doente?

Leda não respondeu de novo, um pouco porque estava exausta, muito porque não conseguia entender a razão das pessoas que tanto necessitavam se meter na vida dos outros. Quando não ficavam longe, com receio de conversar, passavam ao outro extremo, do total desrespeito, como aquela invasão de privacidade que seguia a família.

Leda estava cansada das pessoas que paravam e observavam a passagem de Nathi como se ela fosse uma coitada, fazendo cara de pena, dizendo "Deus te abençoe", como se pairasse uma sentença de morte sobre a criança. Ou, então, como se ela fosse um alienígena.

Nathi costumava ignorar totalmente o comportamento dessas pessoas, como aconteceu quando entrou no restaurante e todos os olhares a seguiram. Totalmente diferente do que acontecia com Leda, cuja consciência adulta e combativa ficava incomodada com aquilo. E muito.

Andaram mais um quarteirão e já estavam quase na praia, o que completava três quadras de perseguição.

– Mas ela tem alguma coisa na perna, não?

– ELA NÃO TEM NADA.

A mulher sumiu. Ninguém comentou o assunto, não havia nada para comentar. Chegaram na praia meio vazia do sol inofensivo das nove da manhã e baixaram acampamento. O sorriso tão constante de Nathi havia desaparecido, dando lugar a um rosto concentrado em algum pensamento complicado. Foi quando ela perguntou, muito séria, para Leda:

– Mãe, o que eu tenho tem cura?

...

Tum...

...

Tum...

...

O coração de mãe deu um pequeno pulo antes de Leda apresentar a resposta madura e segura de quem precisa dizer a coisa certa.

– Filha, tudo o que a gente está fazendo...

E Leda falou sobre perseverança e fé.

Para ela, não havia incerteza, ao menos não aparente. A fé é uma opinião, uma convicção inabalável, o conhecimento de um fato, mesmo na ausência de evidências. É nunca suspeitar ou vacilar. Só que a semente da dúvida pode ter uma longa germinação. Durante alguns anos, Leda ainda frequentaria os congressos especializados até que a dúvida se instalasse.

Esta foi uma das ocasiões em que a pergunta foi mais importante que a resposta. Nathi olhava para si mesma.

Alguns meses depois, aproveitando as férias escolares do inverno de 1998, o cirurgião João Vernieri fez mais uma operação em Nathi. Desta vez, o corte seria nos músculos que ficam atrás de cada coxa e ligam a bacia à parte de trás do joelho. Um conjunto de quatro músculos em cada uma, os flexores. Servem para a pessoa fletir, isto é, dobrar, o joelho. Nathi não fletia, o que a impedia de ficar em pé.

A operação foi menos traumática do que a anterior para a família, um pouco porque durou menos: em vez de seis horas, quase cinco. Também porque não teve lágrimas de sangue. Mas principalmente porque Leda endureceu. E aguentou quase ilesa as horas de espera.

Aliás, dali em diante, nada a abalaria. Descobriu que nada é pior do que colocar um filho na mesa de cirurgia.

Em pouco tempo, a menina já estava cicatrizada e refeita, pronta para colher os primeiros resultados. As caminhadas ficaram um pouco menos trêmulas, e o joelho não ia mais para trás, mas andar continuou difícil. Ela não pôde se ver livre do andador. Além dele, ganhou um novo tipo de tutor, chamado de "goteira", com hastes de metal e uma canaleta de plástico polipropileno. Era leve e mantinha a perna reta e firme. Porém, mais do que metal, plástico ou madeira, continuou a contar com o amparo das amigas e professoras.

Certo dia, Nathi se viu sozinha no canto da quadra da nova unidade da escola em que estudava. O espaço era amplo, com a quadra de esportes do lado direito e uma casinha de madeira no meio da areia do lado esquerdo.

O isolamento momentâneo ocorreu após uma briga de crianças. Sentada no banco, solitária, Nathi observava a hora do recreio, que preenchia cada canto com o alarido infantil ininterrupto. Os colegas, entre 7 e 8 anos, se movimentavam com a agilidade, o vigor e a precisão que se inicia nessa fase, da descoberta do passo seguro e da energia explodindo nos músculos.

Nathi ficou sentada, observando aquela multidão correr sem freios.

Não chorava. Também não sorria.

Capítulo 11
DANDO SHOW

Sempre participativa

– Muito chato ter uma amiga de cadeira de rodas.

O fogo foi amigo, veio de uma colega da escola. Entretanto, o tom foi agressivo, brincadeira cruel, comum entre crianças. Nathi usava a cadeira de rodas por causa da última cirurgia com o Dr. Vernieri, mas crianças precisam de pouco motivo para provocar. Muito gordo ou muito magro, muito baixo ou muito alto, não importa. Criança usa a munição do momento. O senso comum e mesmo os especialistas afirmam que tais conflitos podem ser saudáveis e até úteis para o desenvolvimento social. Ou não.

Na hora, Nathi devolveu o que lhe veio à cabeça:

– Olha, o mundo gira e um dia você também vai usar uma cadeira de rodas.

A frase não saiu muito firme, em contraste com as tiradas rápidas que costumava usar.

Sendo as pequenas maldades tão comuns na infância, a própria Nathi sabia fazer suas vítimas de vez em quando. "Fui mazinha agora", a menina pensava, quando fazia seus comentários certeiros, que a tornaram famosa. Sua capacidade de articulação compensava largamente a restrição da mobilidade. Mas, quando miravam sua deficiência, as certezas se evaporavam.

A cena protagonizada por Nathi levanta a questão: esse ataque infantil constitui *bullying*? Onde se traça a linha que separa a brincadeira banal de um trauma iminente?

De acordo com a última teoria sobre o assunto, a resposta é:

– Depende...

Uma das principais especialistas em *bullying* no Brasil, a psicóloga Márcia Maranhão, afirma que o que faz diferença é o número de vezes que a criança desfere o golpe. E o número de vezes que a vítima o recebe.

No caso da menina que encrencou com a cadeira de rodas de Nathi, o ataque não durou muito. Não se repetiu e, dois meses depois, ela mesma quebrou a perna e também chegou à escola dirigindo uma cadeira de rodas. Diante de Nathi, admitiu:

– É, você tinha razão.

O tempo passou, outros incidentes vieram.

– Você é uma deficiente de cadeira de rodas.

Dessa vez, quem falava era um menino bem grande – pelo menos para Nathi, que completaria 8 anos dali a dois meses. O garoto tinha a mesma idade que ela, mas era forte, gordinho até, e bem mais alto, mesmo se ela ficasse de pé, o que quase nunca fazia. Aconteceu no meio do pátio da escola, em pleno recreio e acertou em cheio a autoestima de Nathi, pois a frase veio em tom ferino, de troça. A palavra "deficiente" incomodava Nathi terrivelmente.

Chegou em casa séria e não demorou a contar à mãe o incidente. Nesse dia, o irmão de Leda, o Tio Ri, estava em casa, e foi ele a responder, sem nem pensar duas vezes, furioso e ferido no seu amor pela sobrinha.

– Volta lá e diz assim: "Você é um deficiente da cabeça, e eu vou enfiar um processo em você e na sua família."

Sentiu medo, vergonha, mas, no dia seguinte, as frases saíram claras e distintas, apesar da diferença de tamanho.

E Nathi falou:

– Vou. Processar. Você. E. Toda. Sua. Família.

O menino nunca mais disse nada.

Um mês antes do aniversário de 8 anos, uma notícia surpreendente veio transformar o delicado, complexo e corrido mundo da família Blagevitch Fernandez: Leda estava grávida.

Nathi só se deu completamente conta da importância daquela informação um mês depois, no dia do seu aniversário, quando todos a cumprimentavam duplamente, não só pelos 8 anos, mas também pelo aumento da família. Nathi passou a sonhar com uma irmãzinha.

Os meses passaram, a barriga da mãe cresceu e Nathi saiu da cadeira de rodas.

Mas permaneceu um alvo, que também podia ser físico, além de moral. Na escola, enquanto os amigos jogavam na quadra, a menina procurava evitar as boladas. Punha o braço na frente do rosto, agachava, procurava se esconder. Não tinha jeito. POF. Lá vinha a bola de novo, às vezes de vôlei, às vezes de handebol. Para Nathi, aula de educação física era sinônimo de bolada na cara. Nem na idade adulta perderia o medo de bola.

Naquele dia de março, a sessão de boladas acabou e Nathi ficou com vontade de ir ao banheiro. Olhou a professora que se afastava. Não quis chamar. Do lado, um grupo de colegas se levantou da arquibancada e também começou a ir embora. O pedido de ajuda veio na garganta e voltou. Sentia a bexiga cheia, com uma quase-dor no ponto de saída.

– Nathi, vamos pra classe!

Uma amiga chamava, oferecendo o braço, como Juliana, Mariana e outras tinham feito antes. Nathi pensou em pedir a carona para se aliviar, como já tinha feito diversas vezes, mas aquela não era uma amiga tão íntima, era só uma colega de classe. Sorriu e rumaram ambas para a aula de História.

A mudança de Nathi vale uma reflexão. Durante os primeiros anos de vida, ela havia transitado pelo mundo sem se importar com nada. Não havia constrangimento. É somente ao se perceber – ou se achar – diferente que a criança com deficiência descobre a vergonha. Aquela que nasce com paralisia cerebral cresce tão feliz quanto qualquer outro indivíduo. Mas, quando as outras pessoas lhe impõem barreiras e lhe apontam o dedo, vem a consciência da diferença.

A lesão que recebeu no nascimento não precisava ser fonte de sofrimento para ela. Mas o estigma da sociedade cuida de lhe causar dor. Para muitos que têm deficiência, o estigma chega a tirar o desejo de sair de casa e de se integrar com outras pessoas.

Nathi encontrou a amiga Júlia no corredor, que a ajudou a ir ao banheiro e depois foi com ela para a classe. Quando as duas lá chegaram,

Júlia saiu correndo para buscar um salgado na lanchonete e poder voltar antes de a aula começar. Nathi arrumava o material quando percebeu que um dos colegas havia entrado em um surto nervoso e começado a atirar material e até cadeiras para cima. As crianças se assustaram e fugiram da classe. O garoto estava fora de si. Nathi escorregou para o chão e se encolheu em uma parede, indefesa, sem chance de chegar à porta, no lado oposto, e fugir.

O instrutor pulou em cima do menino, que não era grande, mas não conseguiu dominá-lo. Ele se movimentava violentamente e ainda arranhava o homem nos braços. Era com se um furacão rodopiasse pela sala, destruindo tudo a sua volta. Durante muito tempo, o episódio ficaria conhecido entre as crianças como "a fúria do Hulk".

Nathi ficou paralisada, sem nem perceber a gritaria das crianças no corredor, chamando por ajuda, sem notar que a amiga Júlia atravessava contra a maré e entrava no contrafluxo. Só percebeu a chegada da amiga quando esta a agarrou como pôde e começou a puxá-la para longe dali. Fora da classe, respiraram aliviadas.

Quando chegou em casa no final do dia, depois da terapia, nem contou para a mãe a confusão ocorrida na escola. Tinha pouco tempo para estudar, precisava ser rápida. Leda nunca teve de mandar, Nathi se enfurnava no quarto durante horas, empenhada em compreender todas as matérias, mesmo matemática, a eterna inimiga. Há uma teoria corrente entre terapeutas que associa as limitações do deficiente físico a uma dificuldade com a matemática. Segundo esta tese, o caminhar – um passo após o outro – traz a noção de número. Ela surge muito cedo e vem de maneira inconsciente.

Sem passar por essa experiência, a pessoa com deficiência acrescenta mais uma dificuldade a superar na sua vida. Sendo a tese correta ou não, Nathi realmente sofria com a matemática desde o primeiro ano da escola. Apesar disso, dava conta das provas e trazia para casa as notas necessárias.

Naquele dia, a pressa de estudar tinha uma razão menos nobre. Precisava terminar logo, jantar e se postar na frente da TV para assistir à paixão do momento: a novela *Chiquititas*. Nathi adotava viva e intensamente seus ídolos.

Menos frequente, mas tão passional quanto a novela para Nathi foi a dupla musical Sandy & Júnior. Não que tenha sido inteiramente espontâneo. Leda cuidou de levá-la ao *show* dos irmãos musicais quando Nathi tinha 6 anos, uma experiência que – apesar de fã – ela não quis repetir por um bom par de anos. A música era alta e ela ficou até um pouco assustada.

Na segunda vez, com 8 anos, guardou a ocasião com prazer na memória, também porque agora tinha a companhia da inseparável e fiel Juliana. Mas foram as mães das meninas que realmente se empolgaram, cantando e dançando e nem se importando com o fato de o palco estar longe, bem longe delas.

Tudo mudou na terceira vez. Um pouco porque Nathi entrava na fase pré-adolescente, ouvindo música o tempo todo. Mas também porque, dessa vez, a companheira foi Júlia.

Impossível confundir as duas amigas J e J. Ambas eram lindas meninas, mas a semelhança era essa e só essa. Juliana, de fala mansa, do apoio constante osso no osso, da companhia pacífica que nunca ninguém via reclamar e que tinha uma amizade inabalável com Nathi.

Já Júlia era falante, tendo descoberto muito cedo a liberdade do vocabulário. Batia boca com os meninos, tinha sangue quente. Nessas horas, Nathi só olhava, boquiaberta com a desenvoltura e firmeza da amiga. Foi Júlia quem nadou contra a maré e resgatou Nathi do menino Hulk.

Nesse terceiro *show*, Nathi assumiu sua idolatria e comprou CD novo, camiseta e faixa da dupla Sandy & Júnior. Na hora, Júlia e Nathi animaram o seu lado da plateia: dançavam e remexiam, riram solto quando Júnior se empolgou com a bateria e caiu no palco. Indiferente ao deslize, Júlia subiu na cadeira, lágrimas nos olhos, e gritou a plenos pulmões:

– Lindo, TESÃO, bonito e GOSTOSÃO.

Foi um pouco depois dessa época, talvez pela novidade de Leda estar grávida, que Nathi, já em torno dos 10, 11 anos, chegou um dia em casa falando de sexo. A mãe se perguntou com quem ela teria aprendido aquilo, mas era impossível negar que a filha era naquele momento uma esponja para qualquer tipo de informação. Absorvia tudo, até o linguajar corporativo que a mãe usava ao telefone. Não demorou muito tempo para a terapeuta Gilsci ouvir a menina comentar a razão de uma empregada ter deixado de trabalhar em sua casa. Nathi pontificou:

–Veja, é que a moça não agregava valor, entende?

Na escola, a rebeldia infantil das meninas se revelava nas fugas das aulas vespertinas, que aconteciam duas vezes por semana de horário integral, e quando a disciplina se mostrava menos rígida. Eram os projetos de convivência e conscientização, que ensinavam as crianças a serem boas com a terra ou ainda disciplinas adicionais, como inglês e educação física – aquela das boladas na cara.

Elas se escondiam dos professores e monitores no "Brinquedão", como era chamada a casinha de madeira instalada no meio do terreno da escola. Ou no banheiro adaptado para pessoas com deficiência, que elas chamavam de "banheiro de cadeirante". Ninguém iria procurá-las ali, pois pouca gente o utilizava. As meninas usavam o que podiam para garantir suas escapadas.

Não havia fugas de manhã, o que Nathi lamentou depois de ouvir a professora insinuar que ela não seria capaz de passar de ano diante das dificuldades, principalmente com a matemática. Cada vez mais, o sotaque puxado nos RR e nos SS passou a irritar Nathi.

– Menino, não vá exxcorrregarr.

–Vai exxpalharr bixxcoito pela sala.

– Emprrexxta a borrracha pra sua coleguinha, Vítorrr.

Para acompanhar o ritmo da turma, Nathi contava com a ajuda de Leda, que, mesmo na correria do trabalho e com a barriga crescendo, encontrava tempo para a filha. A mãe ajudou desde a primeira série, quando a matemática começou a assombrar e a tabuada a complicar.

Especialmente a partir da tabuada do 7.

– Sete namorados, sete e sete são quatorze, com mais sete, 21.

– E aí, Nathi?

–Tenho sete namorados, mas não gosto de nenhum, completava a menina, sorrindo.

Foram anos de amizade inquebrantável, de riso contínuo. Um dia, estavam em casa e Leda perguntou se ela queria sair para cortar o cabelo. A filha respondeu que não, preferia ficar e brincar com Júlia, enquanto a amiga gritou:

– Eu corto!

Leda prontamente respondeu de longe:

– NÃO!

As duas meninas subiram para o quarto, Júlia virou e perguntou:

– Quer que eu corte?

Sem nem responder, Nathi abriu o sorriso enquanto caminhava devagar, se apoiando na cama e na parede, para o banheiro do quarto. Sentou no vaso sanitário, de onde não podia ver o espelho, totalmente entregue à habilidade que Júlia tivesse. Pediu à amiga que pegasse a tesoura na segunda gaveta e começaram.

Veio o primeiro corte.

– Ops, ficou torto. Melhor arrumar.

Segundo corte.

– Xi, ainda torto.

E, de tesourada em tesourada, a franja se foi inteira. Nathi ficou com parcos fiozinhos saindo da testa. Sem ver no espelho como tinha ficado, Nathi olhava para Júlia com cara de ponto de interrogação, como se intuísse que o corte não tinha ficado lá essas coisas.

Mas Júlia não pensou duas vezes e meteu a tesoura no próprio cabelo também. Segundos depois, as duas se olhavam no espelho, o riso nervoso ainda lutando para escapar da garganta.

Do lado de fora, Leda estranhou a porta fechada e o raro silêncio que se prolongava naquela casa. Bateu na porta, chamando-as para o lanche. Necas... O tempo passou, nova batida e nada.

Finalmente, Júlia abriu a porta, deixando Leda entrar.

– O que é isso?

Pergunta de preparação, pura retórica, porque Leda precisava de meio segundo para articular sua reação completa.

–VOCÊS FICARAM LOUCAS?

Nathi usou tiara ininterruptamente durante três meses.

Na época, a amizade de Júlia só era superada pela relação da filha com a mãe. Mesmo com barriga de oito meses de gestação, Leda sempre acompanhava Nathi, compartilhando todo tipo de conversa, desde lição de casa até meninos, mimando, com receio de que a filha se quebrasse, por dentro ou por fora.

– Festa? Faz aqui em casa.

– Posso ir visitar a amiga?

– Ah, traz ela aqui.

Tudo o que fosse possível fazer, para manter Nathi ao alcance da mão, era planejado e executado pela mãe. Nesses anos, Leda e a filha faziam absolutamente tudo juntas.

O dia do nascimento se aproximava. Então, a família descobriu que não era uma menina que ia chegar, mas um menino. Nathi chorou três horas sem parar, e todos os dias desde essa revelação até o parto.

Quando parou, ligou para a amiga Juliana para contar que ganharia um irmãzinho em vez de uma irmãzinha. Em um raro momento contrário à sua conhecida serenidade infantil, Juliana respondeu:

– Que droga!

A menina brigava muito com o próprio irmãozinho. Nathi desligou o telefone e desatou a chorar novamente.

Já Leda só se preocupava com a possibilidade de outra gravidez de risco. Decidida a não passar por um segundo trauma, deixou bem claro para o médico que queria ser internada o quanto antes, ao menor sinal do início dos trabalhos de parto. Enquanto esperava, levou aquele início de semana do mês de maio de modo tranquilo. Na terça-feira, já em licença-maternidade, levou a filha ao inglês e foi tomar café com as amigas no final da tarde. À noite, o médico ligou, confirmando que ela podia ir para o Hospital Santa Catarina, embora fosse apenas por precaução.

Os dias passaram, Nathi ficou com a mãe de Roberto, Vó Yaya. Visitou a mãe no hospital todos os dias, levando uma boneca que imaginava ser sua irmã, embora já soubesse que teria um irmão. Ninguém esperava que algo acontecesse antes do fim de semana.

Na quarta-feira, a empregada a vestia para a visita no hospital quando parou, olhou para Nathi e disse, com voz pausada e triste:

– Sabia que sua mãe e seu irmão podem morrer?

Capítulo 12
GUILHERME

Com o irmão

Na quinta-feira, ao ouvir a frase assustadora da empregada, Nathi caiu em febre inexplicável. Nada que a impedisse de querer visitar a mãe outra vez, levando a inseparável boneca.

Quando chegou ao hospital, deu de cara com o irmãozinho. O dia era 25 de maio de 1999.

Guilherme tinha acabado de nascer, Nathi ainda o viu cheio de sangue pela janelinha. Assim como a irmã mais velha, o menino passou por sofrimento fetal e nasceu prematuro, tão pequeno que não cabia nas roupinhas. Mas sem qualquer lesão no cérebro.

A menina olhou para a avó e pediu que entrasse com ela na UTI. Yaya concordou e elas entraram juntas. Foi a primeira e última vez que a avó viu Guilherme. Yaya faleceu na sexta-feira seguinte.

Entre uma semana e outra, Nathi teve o momento mais agitado de sua vida até então. As melhores amigas da época foram visitar a família, Carla, Mariana, Juliana – Júlia foi, mas só quando Leda e Guilherme voltaram para casa. Nathi também ganhou seu próprio rebento: um ursão gigante dado por Roberto e Leda.

Mas logo nos primeiros dias a rotina mudou. Nathi teve de abrir mão de seu quarto, que ficou com Leda e Guilherme, e passou a dormir com o pai. Começou a se virar mais e melhor, porque a mãe não estava a seu lado o tempo todo. Até para tomar banho, a iniciativa era dela, embora esta fosse uma operação bastante complexa para ela.

A partir daí, uma transformação ocorreu na casa. Primeiro, porque Leda parecia não ter a mesma energia da época em que Nathi nasceu. Antes, era capaz de passar boa parte da noite acordada e ir para o trabalho zerada, com os olhos brilhantes, cheia de disposição. Agora, quase dormia durante as reuniões depois de uma noitada ao lado do recém-nascido.

Durante um bom tempo, Leda não conseguiu mais estudar com Nathi. Se não estava no trabalho, estava dando de mamar ou levando Nathi ou Guilherme ao médico. Ou dormindo mesmo. Talvez por isso, ou por outra razão emocional qualquer, as notas de Nathi caíram, eventualmente ela não fazia a lição, a capacidade de concentração em casa diminuiu. O ano anterior também foi o último em que Leda compareceu à feira de tecnologias em reabilitação, inclusão e acessibilidade, a Reatech, um evento no qual ela vinha batendo cartão desde o início, em 2001.

Depois do nascimento do Gui, Leda chegou a colocar Nathi em um novo tipo de terapia, agora com uma psicóloga. Mas durou pouco, porque a dita pegava no sono enquanto Nathi tentava falar da sua vida de criança com deficiência levemente ciumenta do irmão.

Apesar disso, Nathi não chegou a fazer caso, nem mesmo manifestou de fato ciúmes do irmão. Durante anos, lembraria com orgulho o cuidado que teve com ele, as ocasiões em que "salvou a vida" do bebê, impedindo que caísse, mesmo que isso significasse um joelho roxo aqui e outro ali. Fica para a imaginação de cada um ponderar o esforço necessário para uma menina com mobilidade tão reduzida dar uma de goleira e catar uma criança pesadinha como foi Guilherme – que nasceu prematuro, mas ganhou peso rápido e logo se tornou um bebezão.

Guilherme foi crescendo, e Nathi não largava do menino. Ele jogava a bola; a menina se esticava toda para pegar. Um dia, Guilherme ainda não tinha um ano, Nathi estava com nove anos e poucos meses, a bola foi ao ar e ela a agarrou. Então, ouviu:

– Tati!

Foi a primeira palavra proferida por Guilherme.

Em paz com o sentimento familiar e ao mesmo tempo com a sensação de liberdade, Nathi fez seu primeiro movimento para longe da família. Sim, já havia dormido fora de casa antes – poucas vezes –, só que em São Paulo. Sim, já havia até saído do Brasil, visitando a Argentina, mas com família, na companhia do Tio Ri. Dessa vez, o distanciamento seria mais completo.

Na época do aniversário de 9 anos, a escola ofereceu uma excursão para o Rio de Janeiro que duraria três dias, no meio dos quais haveria uma esticada até Petrópolis – um bate-volta para conhecer a Cidade Imperial. Não estaria sozinha, teria as amigas do colégio, incluindo Júlia. Ainda assim, ficar longe da mãe é sempre um acontecimento para alguém com limitações de mobilidade. Até então, Leda era a única que dava banho na filha. E, se Nathi estava na escola, sabia que a ajuda materna poderia chegar como quem dispara uma pistola.

Mas agora ela iria para outro Estado, não seria tão fácil a mãe chegar ao Rio de Janeiro. Leda concordou e até contratou uma ajudante para acompanhar a filha. Antes que Nathi pudesse festejar por inteiro a ideia de que iria viajar, ficou sabendo que uma de suas amiguinhas não poderia ir por falta de dinheiro. Então, algumas colegas, incluindo Júlia e Nathi, tiveram a ideia de trabalhar para conseguir o dinheiro.

Resolveram fazer bijuterias. O avô Chicão foi até a Rua 25 de Março e comprou um monte de material, miçangas e fios. Júlia fabricava, Nathi ajudava no comércio e fazia propaganda na classe, para a escola e para os vizinhos. Tentaram de tudo, venderam seu artesanato até em festas e churrascos. Mas não conseguiram o dinheiro e, no fim, a amiga acabou não indo viajar.

Apesar disso, a dupla empreendedora viajou, Nathi ficou doente, teve uma infecção urinária forte, que não a deixava fazer xixi e lhe rendeu uma tremenda dor de barriga. Leda ficou sabendo:

– Filha, vou de avião te pegar.

– Não, mãe. Tomo um remédio e já melhoro.

Dito e feito. Saboreou uma liberdade inédita.

Na volta da viagem, Nathi e Júlia continuaram buscando algo mais para satisfazer sua sede de novidades. No começo da quarta série, a dupla montou uma chapa para representar a sala. Nathi presidente, Júlia vice. Fizeram cartaz e campanha, concorrendo com outras duas chapas, ambas compostas por meninos. Perderam, mas ficaram com o segundo lugar.

As derrotas não arrefeceram o recém-descoberto espírito combativo de Nathi, que continuou a fazer bijuterias, agora com a vizinha e amiga

Mariana – descendente de armênios –, cada uma com papéis bem definidos. Mariana fazia a maior parte da produção, um trabalho que exigia o domínio preciso das mãos, enquanto Nathi fazia a maior parte do restante, chamava cliente, cuidava da propaganda, fazia a venda, ficava no caixa e dava o troco.

Assim as empreendedoras-mirins ocupavam as tardes, o portão da garagem ficava meio levantado, passavam crianças, adultos olhavam por cima. Até o segurança da rua ajudava no pequeno comércio.

Chegaram a ganhar R$ 80 em uma hora.

Foi também com Mariana que Nathi foi mais uma vez ao *show* da dupla Sandy & Júnior, dessa vez um exemplo da determinação que crescia na menina. Como era sócia do fã-clube, podia visitar o camarim, mas havia um preço que não podia ser pago com dinheiro. Determinada a encontrar seus ídolos, encarou quatro horas na fila, até que ficou esgotada e conseguiu convencer um segurança a passá-la com a amiga para a frente da fila.

Não fosse a compreensão do segurança, talvez Nathi não aguentasse ficar mais uma hora na fila. Talvez aguentasse. Não se sabe. É possível supor que, naquele momento, um desejo da menina foi viabilizado porque houve o entendimento de que ela, como pessoa com deficiência, deveria ter preferência. Cada vez mais, tanto Nathi como os pais passaram a deparar com a eterna dicotomia entre ajudar e deixar fazer. Entre amparar e deixar ir por conta própria.

Nathi e todos a sua volta fariam escolhas para entender o que é ajuda e o que é preconceito; o que é solidariedade e o que é simples crueldade. Ali na fila, entretanto, o resultado foi positivo. As meninas entraram, encontraram os ídolos, tiraram fotos e voltaram para casa completamente realizadas.

Aos poucos, Nathi constituía sua identidade, construía seu modo de pensar e agir. E de gostar. Adorava cheiro de gasolina e de grama molhada. No prato, descobriu não gostar de fruta, detestar mamão, mas adorar ravioli de mozarela, palmito, quibe cru e principalmente chocolate. Descobriu que gostava de alho poró, salsinha e arroz na panela. E que gostos e desgostos não a impediam de ser magra, bem magrinha, não pesando nem 30 quilos, porque tinha o apetite de um canário.

Descobriu que não gostava de filme de terror, explosão ou tiros, mas amava uma boa comédia romântica. Amava cachorros pequenos, fossem peludos ou pelados.

Até os 10 anos, desfilava com as sainhas que a mãe vestia nela, mas passou para as calças compridas, que escondiam as cicatrizes das pernas – cansou de explicar o que eram. Até os doze, gostava de praia, daquela praia onde andou pela primeira vez e onde encontrava outros amigos. Mas, a partir daí, passou a preferir ficar em casa ou passear no *shopping* com as amigas.

Foi essa Nathi em transformação que descobriu aos 11 anos que queria e podia mudar de escola. Ainda tentou ficar durante mais uma semana, sentiu-se sozinha e viu que queria mesmo sair.

O momento não era dos melhores para fazer a mudança. Tinha completado a quinta série, ano geralmente complicado para muitas crianças, pois deixam de ter contato com uma única "tia" para enfrentar diversos professores, cada um falando de uma disciplina diferente, apresentando dificuldades cada vez maiores - em especial a matemática, que nessa época enche a cabeça do aluno de X e Y. E, pior, nem sempre hábeis para lidar com uma menina com deficiência.

Vários amigos haviam saído da escola. Nathi perdeu Juliana, que se mudara para a Venezuela. Afastou-se de Júlia, depois de vários pequenos atritos, e de Mariana, com quem teve uma grande briga, e de quem logo deixou de ser vizinha, pois a família Blagevith Fernandez se mudou para outro bairro. Nathi fez uma amiga entre os novos alunos da quinta série, só que essa garota deixou a escola logo depois. Sentia-se sozinha, isolada, sem saber para onde ir ou com quem falar. Leda estava ali, ao lado, mas não era suficiente.

Mudar é algo extremamente complexo, que agrega dificuldade para alguém com deficiência e envolve não só aspectos práticos e emocionais. Não se trata só de achar a escola correta, acessível fisicamente e com professores adequados. Também exige enorme coragem da criança, incerta sobre como vão recebê-la. Os alunos serão simpáticos? Atenciosos? Amáveis? Ou ela vai virar alvo de brincadeiras cruéis sobre suas pernas e cicatrizes, seus acessórios e sua necessidade de ajuda? Vão conversar com ela e perceber sua alegria e perspicácia ou simplesmente concluir que, por ter mobilidade reduzida, seria incapaz de alguma coisa boa? Qualquer um ficaria aterrorizado. Nathi insistiu, queria uma nova escola.

Leda saiu de novo pesquisando, viu quatorze escolas, selecionou três e levou Nathi para ajudar na escolha.

A família decidiu-se por um colégio tradicional, não muito longe de casa. Nathi visitou uma das unidades e ficou encantada com o tamanho e a natureza do lugar, onde se chegava depois de atravessar de carro um caminho arborizado.

Passou uma manhã assistindo a aulas de história e – argh! – álgebra, mas se sentiu bem recebida. Era comecinho de março e ninguém se conhecia, metade da classe era composta de alunos novos, porque o colégio tinha acabado de comprar aquela instituição, que havia falido, para transformá-la em uma filial.

Enquanto se acostumava à nova escola, Nathi também precisou se habituar a viver em uma casa diferente daquela em que havia morado durante seus quase 12 anos. Na véspera da mudança, chegou em casa e encontrou tudo empacotado, a casa de sua vida inteira desmontada, igualzinha a um brinquedo que é colocado de volta na caixa, pronto para ser doado e nunca mais ser visto.

Durante os primeiros dias na casa nova, a menina dormiu no quarto da mãe, porque sua cama não chegava. Ou melhor, tinha sido um dos brinquedos desmontados ao qual ficara faltando uma peça.

Deitada bem perto do chão, pensava que tudo na sua vida havia mudado. E tão rápido que ela ainda precisava refletir sobre aquilo. Estava lidando com algo novo, um jogo cujas regras ela ainda não sabia muito bem e que iria mexer ainda mais com sua vida, sua cabeça e seu corpo. Nathi estava perto de fazer 13 anos.

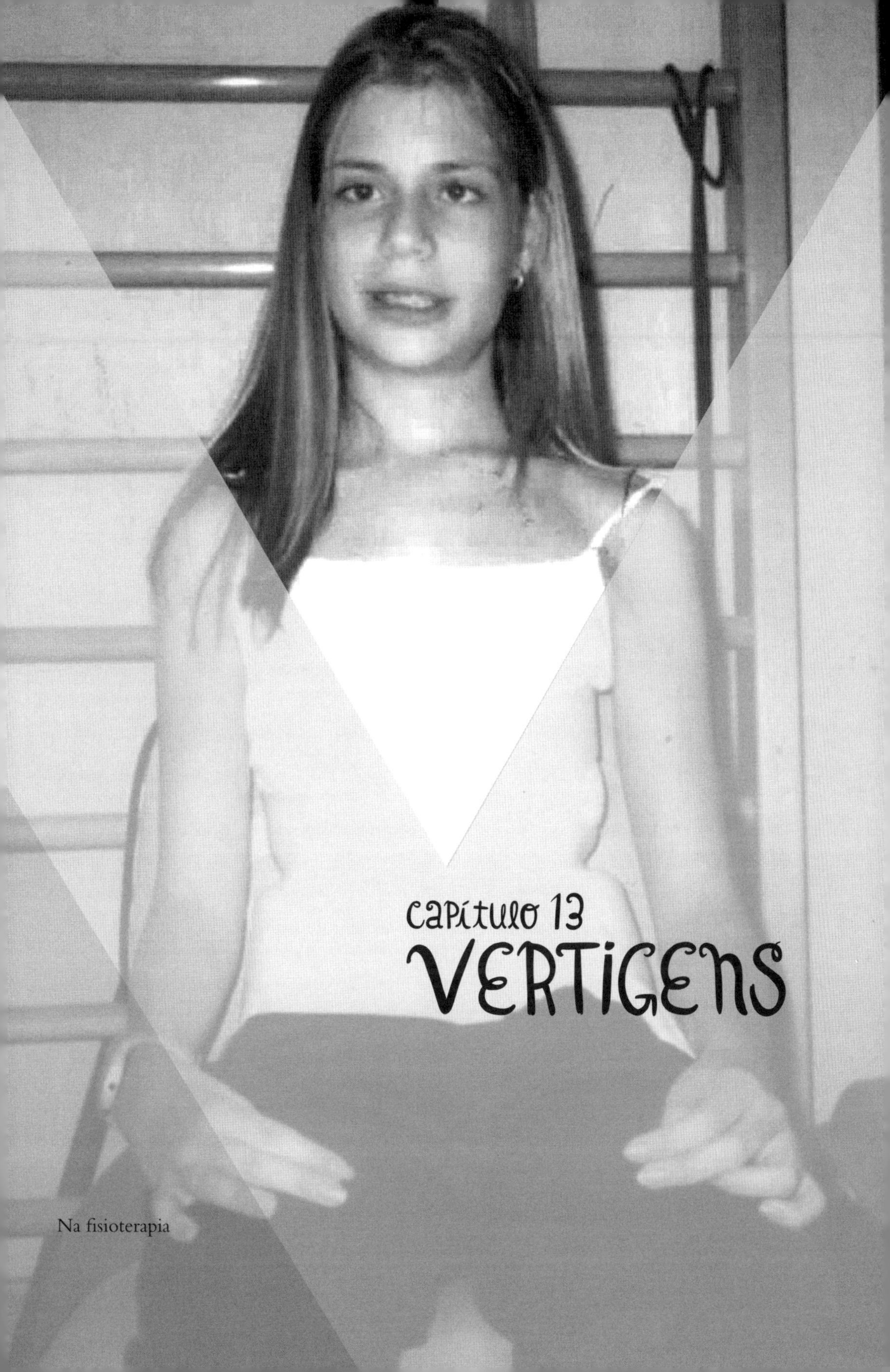

Capítulo 13
VERTIGENS

Na fisioterapia

– Você acha que isso é um triângulo?

Silêncio.

...

...

...

Ninguém falava na classe. Muitos olhavam para baixo, com vergonha de algo que não sabiam. Outros encaravam a professora, esperando ansiosamente o desenrolar da cena.

– Nathi, eu perguntei se isso que você fez na prova tem cara de triângulo.

O tom da professora se mantinha baixo, embora o suficiente para a classe inteira ouvir. Enquanto isso, mostrava a prova da aluna cheia de anotações em vermelho, um papel com os cantos borrados, como ficavam todas as provas de geometria e matemática de Nathi depois que o suor dela secava. A professora colocou a prova na mesa, com o dedo indicador ainda no meio do papel, onde ficava o triângulo.

A menina olhava fixo para a professora. Um dos olhos tremendo, reminiscência do estrabismo que só voltava em momentos como aquele. Certamente, não era um gesto de desafio. Com 12 anos, Nathi simplesmente não tinha firmeza para fazer isso. Muito menos em uma situação tensa como aquela, em que um adulto faz pouco de você diante de toda a classe, uma classe que ela nem conhecia tão bem, porque tinha acabado de entrar naquela escola.

Não. Nathi olhava fixo somente porque tinha certeza de que não havia razão para baixar os olhos. De uma coisa tinha convicção: não havia feito nada de errado.

Era a primeira da fila, bem no centro da classe; então, ignorava a reação dos colegas que estavam atrás dela.

O que Nathi não ouviu foram conversas paralelas ou risos esparsos. Não, o silêncio permaneceu.

Um silêncio alto. Quase todo mundo já conheceu um silêncio assim. Alguns chamam de ensurdecedor. Mas é a mesma coisa, um silêncio tão absoluto que transmite a certeza de que vem um barulho enorme por aí.

Não veio. A aula terminou em um anticlímax, após o silêncio ser quebrado pelo sinal e pelo arrastar lento de cadeiras. A professora passou o papel borrado onde se via na parte de cima um ZERO vermelho bem grande.

Com as mãos geladas, Nathi guardou a prova que havia ficado novamente encharcada com seu suor no meio do caderno e pôs todo o material na mochila. Por último, pegou o estojo com a mão esquerda, enquanto abria o zíper com a boca e guardou o lápis e a borracha. Dentro do estojo, um compasso sem uso.

Uma das amigas a ajudou a sair; outras duas levaram a mochila e a blusa. O grupo – as meninas e o Rafinha – costumava passar os intervalos do recreio dentro da classe, eventualmente estudando, quase sempre batendo papo. Nathi preferia não descer os três lances de escada até o pátio só por causa do intervalo. Então, os amigos lhe faziam companhia. Durante a aula, Rafinha também ajudava toda vez – e eram muitas – que Nathi derrubava algo no chão. Abaixa-levanta, o garoto fazia abdominal várias vezes ao dia.

Era esse grupo que acompanhava Nathi naquele dia na saída. Na escada, já quase no térreo do prédio, Nathi segurou o choro, reclamando da professora entre um e outro riso nervoso. Em resposta, as amigas garantiam que a classe inteira havia achado um absurdo a atitude da professora.

Quando a mãe chegou, Nathi soltou o choro, mas conseguiu explicar o acontecido. Foi o primeiro conflito sério em consequência de suas limitações motoras.

No dia seguinte, Leda foi até a escola para entender o que havia acontecido e tentar argumentar com a professora. A filha nunca havia tirado um zero na vida. O ano só havia começado, mas, nessa toada, ela certamente repetiria naquela matéria e levaria bomba no ano.

Não se tratava apenas de uma prova. A professora insistia que Nathi devia usar o compasso, mesmo sabendo que não havia jeito de a menina segurar o instrumento com as duas mãos ou ao mesmo tempo posicionar o esquadro no ponto certo enquanto traçava com o lápis as formas geométricas pedidas.

– Já vi aluno sem braço usar o compasso, Leda. Não tem desculpa, retrucou a professora.

Este é um argumento clássico, que engana muita gente. Pegar um exemplo isolado, alguém que chegou lá, que conseguiu e concluir:

– Se ele fez, você também pode.

O raciocínio pode ser excelente como inspiração, mas é um erro crasso quando em imposição. É como se todos fossem iguais – mesma força, mesma altura, mesmos genes – quando, na realidade, cada ser humano é diferente do outro. Cada um pode ter um talento, mas é um equívoco acreditar que todos podem escalar a mesma montanha ou pintar o mesmo quadro.

Estimular a criança é ótimo; forçar alguém a fazer algo que pode prejudicar mais do que beneficiar é falta de sensibilidade. E ignorância do real papel do educador.

A diretora da escola se mostrou compreensiva, mas solicitou a Leda que trouxesse relatório de um profissional especializado. A mãe ligou para a terapeuta Gilsci, que prontamente topou escrever um relatório definindo o parecer técnico, no qual dois pontos eram mais importantes: igualdade de condições e interesse da própria aluna. Igualdade porque a exigência do compasso colocava a menina em desvantagem com relação aos outros alunos; eram habilidades diferentes, mas a mesma metodologia de ensino e exame. E o próprio interesse individual de Nathalia, que teria o ano eletivo comprometido por causa de uma disciplina específica para a qual ela não demonstrava nenhum interesse ou habilidade.

De posse do relatório, Leda chegou a um acordo com a diretora. Nathi faria provas teóricas, sem necessidade de empunhar compasso e esquadro.

Na época de seus 12 anos, a vida de Nathi se dividia precisamente entre casa e escola, mas de maneira distinta da que ocorre com as outras crianças. Ela não só evitava multidões, como privilegiava o espaço onde podia exercer controle.

Por exemplo, evitava dormir na casa das amigas, porque a desagradava ter de pedir ajuda para tudo. Um apoio eventual para ir ao banheiro na escola era normal se uma amiga íntima estivesse próxima. Mas ir à casa dessa mesma amiga e impor a ela horas de dependência trazia desconforto. Em casa, contava com mãe, pai e até com a empregada da casa. Fazia parte da rotina pedir auxílio. Fora de casa, um pedido, dois pedidos, três pedidos e Nathi se sentia – mesmo que não estivesse – entrando no território do abuso.

Certa vez, foi à casa de uma amiga fazer uma maquete para a feira de ciências da escola. Levantou para ir ao banheiro, mas tropeçou no tapete da sala. A amiga correu para ajudar Nathi a levantar e pediu para ser secundada pela irmã, que passava por ali naquele instante. Ela até ajudou, mas não sem dizer:

– Tá vendo? Quem manda trazer deficiente? Eu te avisei...

Leda e Nathi depressa entraram em um entendimento mútuo sobre as dificuldades de estar na casa dos outros. E a mãe fez de tudo para transformar a casa da família no centro dos encontros, escolares ou não. A festa era ali.

Logo no começo da nova escola, foi criado "O Dia da Pizza", que era sempre na sexta-feira. A casa dos Blagevitch Fernandez tinha música alta e burburinho. Com doze ou treze meninas na casa, chegavam mais de dez pizzas dos mais variados sabores.

No final do ano de 2003, Nathi ia completar 13 anos e o irmão, Guilherme, quatro. A família parecia perfeitamente integrada. Leda e a filha estavam próximas e mais unidas do que nunca. Uma era a melhor amiga da outra, uma união reforçada pelo desejo de superproteção de Leda.

Mas um novo elemento estava para entrar na vida da adolescente. Foi o "Paixonite", como Nathi apelidou o afilhado de uma amiga de Leda. Ela viu o menino pela primeira vez em um musical no teatro. Ele sentou atrás e Nathi só virou duas, no máximo três vezes para dar uma conferida. Achou bonito com o topete loiro, olhos verdes e a roupa arrumadinha de sair: bermuda bege, camisa branca e sapatênis. Era tímido e falava de um jeito delicado.

Depois, esqueceu o garoto, pelo menos até o dia do aniversário de 13 anos. Ele era um pouco mais novo, ainda tinha doze. Mas Nathi ficou encantada e fascinada logo no aniversário, um dia em que a felicidade sempre toma conta, sem deixar espaço para quaisquer outras intenções. Até porque não era uma festa qualquer, mas a primeira na casa nova. Além disso, Nathi pediu para ser temática e todos se fantasiaram como no *Halloween*.

Mesmo assim, o interesse pelo Paixonite superou todas essas razões; durante toda a festa, Nathi não tirava os olhos do menino.

De certa forma, o Paixonite compensou a ausência de algumas amigas queridas. Nathi sentia falta de Juliana – ainda na Venezuela – e de Júlia, com quem não falava desde que saíra da escola anterior.

Apesar da paixão recém-descoberta, o ano terminou com uma nota de tristeza. Até então uma aluna modelo, Nathi ficou em recuperação pela primeira vez, e logo em três disciplinas. Uma foi inglês, de que não gostava a princípio (costumava cabular aula na escola anterior). Mas o baque verdadeiro foram as matérias nas quais a menina realmente tinha dificuldades, com professor bom ou ruim. A partir dali, elas sempre seriam problema: matemática e geometria. Ficou tão triste que o avô Chicão chegou a dizer que não entendia o porquê de a menina ter de estudar.

– Podia muito bem trabalhar na empresa do tio.

Nathalia passou as férias tentando esquecer da geometria e lembrando, a todo momento, sua paixonite ginasial. Então, numa madrugada quente de fevereiro, acordou com uma dor de cabeça muito forte. Ergueu-se na cama, sentindo o coração palpitar – e não era de amor; com a mão suar – e não era nervosismo.

Ao levantar, um enjoo forte fez o mundo dar voltas e ela deitou novamente. Chamou a mãe, mas ninguém ouviu, nem uma marreta na parede parecia ter o poder de tirar a família de seu profundo sono. Resolveu voltar a dormir. Fechou os olhos, tentando respirar, até que a vertigem sumiu e ela adormeceu.

No dia seguinte, comentou com Leda, que pediu que a avisasse no caso de acontecer de novo, mas todos acharam que tinha sido algo sem importância, que não se repetiria. Duas noites depois, tudo de novo. Dor, suor, enjoo, palpitações. Leda lhe deu um comprimido para a dor e a levou ao pronto-socorro. Lá lhe receitaram mais analgésicos, com a garantia de que não devia ser nada.

Os sintomas continuaram durante alguns meses, até que a terapeuta Gilsci sugeriu que poderia ser um problema de visão. Uma visita foi marcada com Mauro Plut, o cirurgião que a havia operado e alinhado seus olhos. Na semana seguinte, lá se foi Nathi para mais uma consulta médica. Mas Plut descartou a possibilidade de vista fraca.

O mal-estar continuou até que, em torno de março, a intensidade das dores levou Nathi à pediatra residente do Hospital Sírio Libanês. E foi ela quem destrinchou o problema: hormônios. A médica avaliou Nathi, os mínimos e quase invisíveis sinais de que a criança virava mulher. Era a adolescência que batia à porta e produzia efeitos diferentes e incômodos em Nathi. A médica não descartou a possibilidade de algum estresse ter ampliado os efeitos hormonais.

No mês seguinte, um pouco de sangue apareceu na roupa íntima da menina, indicando que ela já era mocinha. Foi bem pouco, mas surtiu um efeito inesperado: dores, enjoos e suores diminuíram e, depois de um tempo, até terminaram. E foi tão pouco que Nathi nem ligou que o ciclo não se repetiu nos meses seguintes.

Quando completou 14 anos, Nathi sentiu muita falta das amigas. Só encontrava Juliana quando esta vinha da Venezuela nas férias. Na primeira vez, Nathi até abriu exceção no seu hábito e passou a noite na casa da amiga, matando as saudades e conversando madrugada adentro.

Aí, foi a vez do retorno de Júlia, bem como de alguns amigos da escola construtivista. A classe anterior à de Nathi comemorava a formatura da oitava série com uma festa que também servia para arrecadar fundos. Júlia, Nathi e Carla decidiram ir – as três estavam de olho em um garoto da classe antiga, paquerinha platônica.

Chegaram às 18 horas, horário de matinê pré-adolescente, excitadas somente por estar ali. As três amigas saracotearam pelo salão e riram muito, dominadas por uma vertigem de alegria, enquanto a bengala de alumínio de Nathi ficou a um canto, como um seguro para o qual não se quer apelar.

No meio da festa, o menino desejado deu um beijo em Júlia, enquanto Carla e Nathi se separaram, um pouco amuadas por não terem sido escolhidas. Nathi resolveu ir atrás da bengala de alumínio para depois ir ao banheiro. O lugar não tinha acessibilidade alguma. Encontrou escadas e degraus por todos os lados. Também teve muito medo que esbarrassem nela e a fizessem cair. As mãos começaram a suar – e não era do esforço físico –, já empunhando a bengala com quatro pés da qual tinha tanta vergonha. No banheiro convencional, a parede era longe do vaso, não havia barra em que se apoiar.

Quando saiu, Nathi caminhou lentamente, se apoiando na bengala e olhando para baixo. Encontrou as meninas e avisou que era hora de ir embora – 23h30. Ligou para Leda, pedindo que a buscasse. A festa estava acabada.

Foi a primeira experiência de festa sem a família por perto. Não foi fenomenal, sentiu medo, encontrou barreiras físicas, mas, mesmo assim, ao voltar para casa com a mãe, seu rosto estava iluminado, as frases saíam rápidas e as mãos já estavam quase secas. Foi à balada, brincou de ser adulta e, melhor ainda, tudo isso sem a bengala, pelo menos na maior parte do tempo.

A segunda experiência foi diferente. No começo de 2004, a família comprou um apartamento na Riviera de São Lourenço, litoral norte de São Paulo, confirmando o amor de Leda pela praia. Em janeiro do ano seguinte, Nathi ficou sabendo que haveria um luau. Uma festa na praia, à luz do luar, parecia divertido, romântico, agitado e alegre. Pediu e Leda concordou. Afinal, de novo, era um ambiente razoavelmente controlado. Muita gente conhecia Nathi e ela estaria cercada de amigos.

Decidiu que, dessa vez, não levaria a bengala. Preferiu confiar na companhia constante dos amigos. Era muito mais agradável do que depender de um pedaço de alumínio. Exatamente como na época em que ela e Juliana eram pequenas, quando andavam para todo lado sem desgrudar os ossinhos.

A festa começou na rua, em frente a uma rotatória, com os carros abertos e o som rolando. Um amigo mais velho, ainda não adulto, ofereceu bebida alcoólica a Nathi, que recusou. Não precisava. A alegria de estar ali era mais que suficiente, mesmo não seguindo a festa para a areia, coisa que Nathi passou a não gostar muito de fazer por volta dessa época. Ali mesmo, riu alto e, bastante excitada, ouviu e contou histórias. O conceito de liberdade se abria claro e evidente para a menina. Não usou a palavra, mas a ideia e a sensação ocupavam sua mente.

Festa ou luau, areia ou não, Nathi foi feliz na Riviera nos meses seguintes. Ela se movia grudada aos amigos, esquecida da bengala. Em férias e feriados, uma amiga a levava em uma bicicleta especial de três lugares, na qual as duas percorriam toda a praia, sempre rindo muito. Em uma festa, uma briga irrompeu perto de Nathi e um amigo a pegou no colo e fugiu dali. Ela teve medo de novo, mas a vida fora de casa agora a fascinava.

A vida descobria Nathi e Nathi descobria a vida, mas não só no litoral. Durante todo esse período, a paixão adolescente pelo menino Paixonite continuou, uma fantasia platônica de um par de loirinhos em um conto de fadas. Um dia, a oportunidade surgiu. Foi em casa mesmo, território conhecido. Chamaram vários amigos, entre eles Paixonite. O final de semana chegou, um sábado.

Quarto cheio, amigos em roda.

O nome do jogo: Verdade ou Desafio. A cada rodada, os olhares se cruzavam, as meninas riam, os meninos enchiam o peito.

Em uma rodada crucial, Nathi e Paixonite acharam que o Desafio era muito mais interessante do que falar a Verdade.

Foi ali, sob o olhar de todos, o primeiro beijo.

Pronto, não era mais platônico. Nathi descobriu o amor quase físico. "Quase" porque um amor pré-adolescente é sempre puro, mas o beijo dá ao pequeno casal a vertigem da intimidade. Nathi experimentava uma nova emoção.

Mas nem o beijo, nem as festas, nem as matérias legais ou chatas foram o mais importante para Nathi naquele ano de 2005. Havia um projeto grandioso que ocupava a mente dela. Um projeto para o qual o beijo e a balada foram apenas uma preparação.

capítulo 14
DÉBUT

A família acompanha a debutante em sua festa

– Que tal você entrar montada em um cavalo?

– Não.

– Ou seu príncipe chegar a cavalo?

– Não.

– Que tal um astro da Globo no seu aniversário?

– Não.

–Você pode ter três, quatro, cinco ou seis vestidos no dia, o que acha?

– Não.

Nathi não tinha "não sei" ou "deixa eu pensar".

Desde janeiro, não muito depois de ter completado 14 anos, Nathi começou a planejar sua festa de debutante, no ano seguinte. Ela e Leda ouviam todo tipo de proposta dos preparadores de festas, a mãe ouvia com atenção, mas quem respondia era sempre Nathi.

Para muita gente, fazer uma festa de 15 anos parece um exagero. Mas, quando o ritual começou, no início do século 20, a proposta era apresentar a menina à sociedade e não havia na vida momento mais importante do que esse. Marcava a passagem de menina para mulher, uma mulher prontinha para casar. Ficou extremamente popular nas décadas de 1950 e 1960, caiu em desuso, para enfim voltar com força no finalzinho dos anos 1990. E a moda pegou Nathalia em cheio.

Em grande parte, o ritual revivido serve para colocar uma adolescente no centro das atenções:

– Olhem como minha filha cresceu e ficou maravilhosa!

No entanto, a menina certamente não está pronta para casar e nem sequer precisa ser apresentada à sociedade.

No mundo moderno, Nathi, como toda menina, ia à escola, já tinha frequentado baladas – quase familiares, verdade –, tinha até beijado. Mas a menina que faz festa de 15 anos concretiza no ritual a chance de reafirmar diante de todos sua liberdade e – por que não? –, sua sensualidade quase conquistada. A maioria dos pais ainda tenta manter certo controle, experiência pela qual Leda passaria logo mais.

Antes, a festa; um começo ou recomeço. Porque o baile era chamado de *"début"* – "começo" em francês – e daí o nome debutante. Nathi queria gritar para todos:

– Estou aqui, linda, capaz, pronta para sair no mundo. Minha vida inteiramente consciente começa agora; antes eu era criança. Este é o meu ritual de liberdade.

Mas isso também veio depois. Naquele início de 2005, a mente de Nathi era dominada por imagens de uma festa perfeita, um sonho enevoado em que todos se divertiam. Ela teria nove meses para transformar esse sonho em realidade.

O primeiro passo foi escolher o local. Leda e Nathi visitaram seis lugares. Na época, elas não se preocupavam tanto em atentar para coisas como ter ou não ter acessibilidade – a maioria não tinha mesmo... Até para Nathalia esse cuidado só viria depois. O que importava era se o espaço tinha boa infraestrutura comum, se era bonito, se era "caído" ou se era "carésimo".

Fecharam com o Hotel Renaissance, na região da Avenida Paulista, lugar que Nathi achou *"fashion"*, *"cool"*, e Leda aprovou, porque também oferecia serviço de *buffet*, o que tornava tudo mais prático. Fariam em uma das salas, aquela que chamou a atenção de Nathi pelas ondas desenhadas no teto. Ela visualizou o que queria, a estrela seria o símbolo da festa, e o salão teria decoração em azul e prata. Talvez por coincidência, o local escolhido já estava preparado para receber pessoas com deficiência física: havia inclusive banheiro para cadeirantes. Também por coincidência, o nome do hotel significa renascimento. Durante todo o ano de 2005, Nathi – cujo nome significa "nascimento", lembram? – preparou seu renascimento.

O passo seguinte foi o vestido. Em um dos lugares que visitou, a garota enfrentou uma escada estranha. Não que elas não fizessem parte da rotina dela; Leda sempre fez questão de ter uma escada em casa, porque dizia que ela teria escadas pela vida afora (atenção, aqui, para a diferença entre a insistência da mãe nas escadas e a da professora no uso de esquadros e compasso).

Só que a escada da costureira era íngreme e incluía um vão assustador embaixo. Escadas com vãos são piores, pensou a menina na hora. Mas subiu. No fim, nem gostou do vestido.

No total, Nathi experimentou nove modelos. Foi conquistada por um desenho do estilista Walter Rodriguez, conhecido pelo *design* fluido e longilíneo, mas resolveu entregar a proposta para uma costureira perto de casa. No dia da última prova do vestido, Paixonite, o garoto dos sonhos, estava lá para ver. As mãos de Nathi suavam e ela olhou para o espelho, avaliando ao mesmo tempo o vestido e seus próprios olhos, para se certificar de que não giravam de nervoso. O tecido azul-claro, cor favorita, com pequenos cristais no formato de canutilhos, descia leve pelo corpinho de Nathi. Era perfeito, certeza absoluta.

Durante a peregrinação, uma ruptura importante ocorria na casa dos Blagevitch Fernandez. Eles deixaram de ser um só, cada nome foi para um lado. Leda e Roberto decidiram se separar. A mãe chegou um dia no quarto de Nathi, sentou-se e explicou que as coisas pouco mudariam, que o pai continuaria a amá-la do mesmo jeito. Mas Nathi sabia que não era tão simples. Teve dúvidas.

A separação aconteceu em maio de 2005, mas não foi assim de repente que Leda se decidiu. Vinha pensando no assunto havia bastante tempo. Quando aconteceu, os dois estavam seguros do que queriam. Por isso, é fácil compreender que alguns meses depois Nathi fosse apresentada a um novo amigo da mãe: Eduardo.

Na realidade, Leda não esperava que fosse tão rápido. De início, almoçaram, depois jantaram, então foram ao cinema, até que ela convidou o namorado para vir a sua casa. Nathi se sentia estranha, achava a situação esquisita e procurou o conselho de Júlia, que também já tinha passado pela experiência de ter pais separados.

Eram conversas sérias.

– Sua mãe arrumou namorado?

– E seu pai, ele continua gostando de você?

Ao mesmo tempo, enquanto preparava a festa e presenciava uma revolução dentro de sua casa, havia outra ocorrendo dentro de seu corpo. Ao contrário da metamorfose da lagarta em borboleta, o adolescente não tem a sorte de entrar no casulo para depois sair prontinho. Passa, isto sim, pela montanha-russa da puberdade, na qual os altos e os baixos são causados pelos hormônios. O comportamento de Nathi se manteria estável, pelo menos nessa fase, mas já nessa época a menina viu seu corpo se esticar um pouco – não muito – e aparecerem incômodas espinhas no rosto. Aquelas que, na época das cavernas, foram úteis para deixar a pele escorregadia e livre de predadores, mas hoje são um tremendo aborrecimento. Ficou esperando as curvas do corpo, dia após dia, mas elas pareciam estar atrasadas. O ciclo menstrual, que poderia servir para lembrar que ela de fato crescia, também não se repetiu. Nathi não se preocupou.

No futuro, lembraria que organizar a festa lhe deu mais prazer do que o dia em si. Só não foi mais marcante. Porque a festa foi mesmo um (re)começo. Foi o *début* de Nathalia, assim, nome por inteiro mesmo.

Plena primavera, flores da cor preferida enfeitavam o lugar, tudo azul, camélias e cravos, orquídeas e hortênsias. Os meninos chegavam de *smoking*, contratados, porque os amigos da escola foram, mas achando a ideia de dançar valsa muito chata.

As meninas eram as grandes amigas, até Juliana veio da Venezuela – implorou ao pai e, quando chegou no Brasil, o vestido prata estava pronto, faltavam só uns ajustes. Todas essas amigas compartilharam o sonho da aniversariante, felizes por estarem no conto da princesa. Envergavam vestido longo, que as tornava mais altas, fazendo frente aos meninos, que nessa idade ainda não são tão maiores, às vezes até menores.

Nathalia entrou no salão azul e prata, menina que foi a matinê e luau, que não teve medo de microfone, que beijou no desafio, que fez suas escolhas sem hesitação nem excessos.

Foi Nathalia – nome por inteiro – quem entrou no salão, tendo no pescoço um pingente prateado, com os cabelos dourados compridos e cacheados indo até o meio das costas. Trajava o vestido azul-claro com miçangas. O braço direito continuava mais magro em contraste com o resto, mas o corpo finalmente se definia em curvas.

Olhava para todos com certo espanto, misto do desejo de não perder nada nem ninguém somado ao esforço de acreditar que aquele salão enevoado e com luzes piscando não era um sonho, pois tudo estava acontecendo exatamente como previsto.

Amiga de um microfone, a menina decidiu que dava para dispensar o cerimonialista. Mais simples, mais fácil, até mais barato, mais Nathalia mesmo. Assim, ela podia dizer o que precisava ser dito e com a emoção exata. Chamou cada pessoa de um jeito só dela, carinhoso, lembrando de tudo. Só tropeçou mesmo na hora de apresentar os meninos contratados, pois não sabia o nome de todos de cor. Então, sem se abalar, pegou um papel e leu. Nada mais importava; então, ficou claro que a menina estava no comando.

Mirava todos com olhar firme, nem sinal do olho que gira. As mãos se mantiveram secas e não houve riso nervoso, só um sorriso constante e tranquilo.

Não faltou nada do que dita a tradição, as declarações emocionadas em vídeo ditas por parentes e amigos, as fotos projetadas no telão, os quinze casais passando na frente de Nathalia, cada uma das quinze velas – entregues pelo irmão Guilherme, agora com 6 anos –, simbolizando cada ano e etapa da vida de Nathalia. A aniversariante se apoiava na mesa, observando a passagem dos amigos e soprando cada uma das velas colocadas à sua frente, representando o fim de cada etapa. Na valsa, primeiro, dançou com o pai e, depois, com o avô Chicão, com o Tio Ricardo – o Tio Ri – e com o avô e o tio paternos.

Leda dançava, só risos, felicidade alimentada por inúmeras razões. Porque era o aniversário da filha, não qualquer um, mas um aniversário especial, simbólico. Porque estava tudo dando certo. Porque Nathalia parecia pela primeira vez menos criança e quase mulher. Porque as duas estavam felizes.

Acompanhando a filha, Leda dançou a noite inteira em seu longo verde, quase sem parar, mais até do que quando ia aos *shows* com Nathalia, como se o mundo fosse perfeito, irretocável. Se o aniversário era afirmação de liberdade – ainda a ser conquistada por Nathalia –, era igualmente uma declaração de vida no início, *début* também para Leda. Mãe e filha começavam nova fase da vida, separando-as do que eram antes e indo para um lugar que ainda não sabiam bem qual fosse.

"Deixe que digam, que pensem, que falem", bradava a música remixada com o tradicional Parabéns a Você. Em volta do bolo, todos dançavam, Nathalia com um brilho não só nos olhos mas em todo o rosto, bem no meio de Roberto e Leda. Seguindo o *script*, que não pode faltar nessas horas, foram executadas todas as músicas necessárias e obrigatórias. Incluindo aquela em que a cantora diz estar petrificada de medo, que todos pensam que ela vai desmoronar, mas não, ela vai sobreviver, enquanto a roda de animadores, usando perucas, se fez em volta de Nathalia e Leda, que dançavam e giravam.

Afinal, o que é ser feliz? A filósofa húngara Agnes Heller diz que toda emoção é produto social. Daí, dizer que não dá para ser feliz sozinho faz total sentido, porque ver ali todos os que a amavam fez Nathalia se sentir extremamente querida. Toda a preparação havia dado certo. Ela vivia seu momento de princesa.

Na hora de entregar a lembrancinha, todos passaram de novo e deram um beijo em Nathalia. Leda ficou ao lado, segurando a filha pela cintura, em uma felicidade única.

A agitação era muita; gente chamando de todos os lados. Até no banheiro, Nathalia não parou de dar atenção a convidados. Parecia que precisava se dividir em mil. Logo depois de abrir a pista de dança – eram quase 2 da manhã – e a festa começar a ferver de vez, Nathalia pediu para a tia Rosana acompanhá-la até o banheiro.

Foi lá que percebeu o vermelho, que reapareceu naquela noite azul e prata sem ser convidado, mas que abundantemente confirmava toda a simbologia da festa. Nathalia era mocinha e, dessa vez, definitivamente.

A festa acabou às 6h30, deixando a família exaurida, porém realizada. Já era quase dezembro e o calor estourou os termômetros na semana seguinte. Foi quando a cólica e os enjoos voltaram, dessa vez com força. Foi uma semana infernal. Nathalia andou pálida pela casa, com centímetros de olheira como prova das madrugadas em claro.

Qualquer cheiro trazia tal ânsia do vômito? Nem o adorado chocolate escapava, mas a deixava só em alerta, no fim, não vomitava. O ano escolar de 2006 começou e a garota perdeu algumas aulas, pois os sintomas continuaram durante os meses seguintes. Sim, Nathalia agora era mocinha. Mas será que a vida adulta seria sempre assim?

capítulo 15
REBELDE

Com o Tio Ri, ensaiando a velocidade

N

– Quanto mais ouso ser feliz, mais possibilidades eu tenho.

Quem falava em cima do palco era uma mulher chamada Mara Gabrilli, que exibia sorriso solto e maroto, além de uma fala fácil, que frequentemente esconde a firmeza da voz. Não havia nota de tristeza, pesar ou drama, só o timbre da alegria.

Ah, é mesmo, faltou dizer: Mara é tetraplégica. Não mexe nenhum músculo abaixo do pescoço. Para os ouvintes, e para Nathalia, pouco importava; Mara tinha o porte, as pernas, a elegância, a inteligência e o bom humor necessários.

A plateia que ouvia esse bom humor naquele dia era a do Clube Monte Líbano e, no meio do grupo, bem ali na primeira fileira, estavam Nathalia e o Tio Ricardo. Nathalia percebia agora que nunca tinha acreditado na liberdade plena. Tinha sido "apresentada", na festa de 15 anos, como uma pessoa às portas da maturidade, mas ainda não tinha ideia do que seria sua vida, entremeada por enjoos, restrições de mobilidade e dificuldades motoras.

Agora, Mara mostrava a vida por trás da palavra "deficiência". Para Nathalia, isso era o principal. Havia mais na mensagem de Mara. Ela argumentava que a falta de acessibilidade – sua bandeira – é discriminação pura e simples. E discriminação é crime. Em 1997, Mara havia criado em São Paulo uma instituição para defesa dos direitos das pessoas com deficiência. Fora a primeira titular da Secretaria Municipal da Pessoa com Deficiência e Mobilidade Reduzida (2005-2007). Agora, estava em campanha para a eleição que se aproximava, concorrendo a uma vaga de vereadora.

As palavras e as pernas da vereadora – mesmo sentada na cadeira de rodas – captaram a atenção da jovem Nathalia. Sua semana não fora fácil. Roberto, o pai, havia sofrido um enfarte três dias antes, logo no Dia dos Pais, e baixado à UTI. Estava bem agora. A filha tinha acabado de visitá-lo no quarto do hospital, onde já estava se recuperando a ponto de fazer piada sobre tudo.

O Tio Ricardo tinha vindo ouvir a vereadora para acompanhar a sobrinha, mas saiu dali com uma mensagem fundamental para sua vida, que logo mais seria transformada.

Ricardo e a esposa, Denise, tinham passado a primeira década do casamento com o foco em aproveitar a vida juntos e investir na profissão. A partir daí, resolveram ter um filho, que não veio. Fizeram dez inseminações, tratamento até na China. Naquele ano de 2006, em novembro, pertinho do aniversário de Nathalia, o bebê chegou. Foi três meses depois da palestra de Mara Gabrilli.

Leonardo nasceu prematuro, com seis meses e meio, ainda menos do que a prima. Ricardo e Denise ouviram que o bebê era assimétrico e não movimentava as perninhas. Entre a ideia de que tudo na vida acontece por uma razão e a oposta visão aleatória do acaso – grande dilema metafísico da humanidade –, Ricardo optou pela primeira. Assim, chegou à conclusão de que aquele era o filho certo, na hora certa e para a família certa.

Naquele dia de agosto, porém, quem assistia fascinada à apresentação de Mara era mesmo Nathalia. Durante quase uma hora e meia, a adolescente ouviu a vereadora bem-humorada falar sobre as barreiras que os deficientes enfrentam, os direitos que têm por natureza e lhe são negados, sobre o que era possível fazer para melhorar a situação.

Ao final, Nathi saiu da palestra com uma ideia clara na cabeça: sua deficiência era tão somente uma característica física, como o cabelo liso e o olho castanho-claro. Dentro dela, uma ideia de que algo estava errado, muito errado, começava a germinar. Só que Nathi precisaria ouvir Mara falar mais para compreender completamente o que era e o que poderia fazer a respeito. A multidão que se aglomerou ao redor da palestrante no final do evento desestimulou a menina de procurar fazer contato. De qualquer forma, não seria a última vez que ela encontraria Mara Gabrilli.

No dia seguinte, quando todos conversavam animadamente na sala de casa, Nathalia deu um berro:

– Olha só isso! ... "portador de deficiência"... Não sou portadora de nada, parece que eu carrego a deficiência como se fosse uma Louis Vuitton, como se pudesse deixá-la em casa se quisesse...

Continuou falando, enquanto Leda notava que algo diferente havia ocorrido naquela semana com sua filha, que estava a três meses de completar 16 anos.

Ao mesmo tempo, Nathalia mudava a vida de outras maneiras. Deixou para trás o interesse pelo Paixonite, um dos muitos sinais de que uma nova fase estava começando. E, mais importante, o duplo relacionamento de quase quinze anos com a fisioterapeuta Magui e a terapeuta ocupacional Gilsci chegava ao fim.

Com esta última, a terapia ocupacional parecia ter chegado aos seus limites, ao menos para Nathalia. Agora, ela era uma adolescente sedenta de explorar o mundo; explorar o relacionamento de seu corpo com as coisas do dia a dia lhe parecia algo limitado. Pintava caixinha e quadro, desamarrava e amarrava sapato. Até Leda, Gilsci e a própria Nathi descobrirem ao mesmo tempo que a jovem poderia lidar sozinha com um absorvente... Na época, Leda chegou a entrar em contato com o fabricante de uma marca famosa, que era cliente da empresa de tecnologia de informação (TI) de Tio Ricardo, para verificar se havia algum produto para pessoas com menos mobilidade. Não havia.

No caso de Magui, o temperamento forte de ambas – fisioterapeuta e paciente – parecia sempre estar prestes a entrar em rota de colisão depois que Nathalia entrou na adolescência. A menina não queria mais ir a uma clínica, a juventude pedia e exigia um ambiente diferente. A adolescente parecia pronta a buscar novos mundos, tanto quanto uma filha deseja testar a liberdade recém-conquistada aos pais e busca tomar decisões próprias.

No geral, essas decisões significavam abandonar o passado, fazer diferente, escolher outra coisa. Nathalia decidiu que iria não só deixar para trás a bengala de alumínio, mas abandonaria também a goteira (as hastes de metal com canaleta de plástico) e a *stand-in-table* (o aparelho em que ela era forçada a ficar de pé). A contragosto, Leda recuou.

O maior temor da mãe era que a rebeldia da filha suspendesse a lenta evolução que fora conquistada durante toda sua vida até ali. Pior, o tônus muscular, a força, a flexibilidade da filha, tudo isso podia retroceder. Mas acabou cedendo, ciente de que chegara o momento de ela tomar suas próprias decisões.

A única coisa que Nathalia admitiu continuar foi a fisioterapia. Não tinha outra maneira, pois, como Leda havia descoberto no primeiro ano de vida da filha, ela não podia parar. Depois da palestra de Mara, a adolescente teve certeza de que havia outras possibilidades.

Por um tempo, conciliou a fisioterapia que fez a vida inteira com uma fisioterapeuta em domicílio, que não convenceu Leda. A mãe achou-a muito fraca em comparação à de Magui. O tempo passou e a transformação foi se consolidando em Nathalia.

Um dia, quase um ano desde a palestra de Mara Gabrilli, a menina ouviu falar que uma grande rede de academias oferecia fisioterapia especializada.

Era daquilo que precisava: estar em um ambiente com gente da idade dela, com ou sem alguma deficiência. Tinha quase 16 anos, queria um lugar alegre e cheio de calor humano.

Só uma parte do seu desejo foi atendida.

De calça *fuseau* e camiseta branca – porque *top* ela detesta –, Nathalia ficou contente de ver meninos sarados e meninas sorridentes passando. A alegria durou pouco. A academia escolhida era gelada, o ar-condicionado esfriava demais. Logo na primeira semana, ficou doente. Dali em diante, o ciclo se repetiu. Ia uma semana, faltava três. O suplício durou pouco mais de um ano.

Durante esse período, o funcionamento da rotina de Nathalia mudou em um detalhe fundamental. Até então, era sempre conduzida por alguém da família: pai, avó e, principalmente, mãe. A partir dos 16 anos, a adolescente conquistou a independência de maneira incomum para alguém de sua idade, com deficiência ou não. Nathalia ganhou um motorista.

Quem ia ao volante nos quase quinze quilômetros que separavam a casa do *shopping* onde ficava a academia gelada era um senhor simpático, porém dono de um hálito inesquecível. Nathalia queria fugir logo do carro, quando saía, já sorria olhando para o lado, fingindo ter visto um conhecido... o negócio era evitar o bafo.

A condição privilegiada de ter um motorista define bem o diferencial da condição de Nathalia. Em geral, a pessoa que tem alguma deficiência depende de um familiar que lhe dedica a vida. Há mesmo casos de pessoas de sucesso que são vistas sempre com a mãe a tiracolo. Sempre, em absolutamente todas as ocasiões, o apêndice familiar está lá, abdicando de ter vida própria em prol de um filho ou irmão. Leda sempre dedicou uma quantidade enorme de tempo à filha, mas teve a vantagem de obter sucesso suficiente em sua carreira para poder lhe oferecer alguns privilégios. Entre eles, um motorista.

Havia outros privilégios, nem todos associados ao dinheiro. Nathalia nasceu dotada de vantagens, como uma beleza encantadora, uma vitalidade fabulosa e, talvez principalmente, a habilidade de se comunicar e articular suas ideias. Esta última vantagem é especialmente surpreendente, porque boa parte dos PCs (como são chamados aqueles que têm paralisia cerebral, lembram?) nascem com algum grau de dificuldade na fala. No caso de Nathalia, o oposto: articulação total.

Todas essas diferenças se tornam enormes no momento em que a menina sai de casa sozinha, ganha independência e está prestes a escolher seu caminho no mundo – muita coisa passa a acontecer a partir deste marco da vida.

Por tudo isso, a história de Nathalia não pretende ser o exemplo clássico de superação ou de inspiração, o relato inacreditável da supermenina. Não é necessário ter pena dela tanto quanto não é desejável esperar que ela seja uma heroína capaz de esforços e realizações que assombrem o resto da humanidade. Ao final do colegial, todos percebem que ela é inteligente, mas não é, nem finge ser, o gênio da classe. É esforçada, bastante até, mas não quer ser conhecida como uma *nerd*. Nathalia conquistou, não sem esforço, o posto de menina normal.

Se o leitor procura uma história de pessoa com deficiência e mobilidade reduzida que enfrentou a pobreza, fez a peregrinação por ONGs sem recursos, teve dificuldade na fala e, depois de tudo, realizou feitos incríveis, esta não é a história de Nathalia.

Nessas histórias, é quase certo que tudo vai bem no final, que a personagem é um ser humano inspirador, que vai chegar lá.

Nathalia – com vantagens aqui e desvantagens ali – acaba sendo mais humana. O que é um alívio, porque a realidade é mais útil, e os fatos há muito juraram inimizade às generalizações. Não se espreme o universo em uma fórmula. E aqui não há fórmula. Ninguém sabe o que vai acontecer com Nathalia até que aconteça.

A boa situação da família deu a Nathalia a chance de conhecer suas reais possibilidades. Por exemplo, o sucesso de Leda permitiu à filha conhecer o mundo. Com 4 anos, a menina foi para Aruba, a ilha holandesa no Caribe; com 8, para Disney; então, duas vezes para a Argentina: Buenos Aires, com 11, e Bariloche, com 16.

Mas foi aos 17 anos, em Londres, que – com uma certa consciência germinando – ela teve a primeira revelação. Foi depois da palestra da Mara Gabrilli, o que fez toda a diferença. Na viagem, estavam Leda com o novo marido, Eduardo, e o irmão de Nathalia, Guilherme, criando assim o perfeito momento família. Passeando pela cidade, pararam na famosa praça Trafalgar, ponto central da capital inglesa.

Nathalia teve vontade de ir ao banheiro e havia um bem no centro da praça. Era quadrado, de metal, parecia a nave espacial de uma série de ficção científica. Ela entrou e ficou fascinada pelo espaço amplo, perfeitamente acessível, onde carrinhos e cadeiras de roda poderiam se movimentar sem encontrar empecilhos, e pelo reflexo do metal que havia onde quer que olhasse. O banheiro inteiro era feito de aço inoxidável. Foi como entrar em um grande jogo de talheres politicamente correto, em que seu rosto se refletia, parecendo irreal.

Depois, foram visitar a prima de Eduardo, que vivia em Londres e tinha tido poliomielite. Era uma senhora de 60 anos que havia ficado com limitações na mobilidade, além de ter uma perna menor e mais fina do que a outra. Enquanto se lembrava do banheiro-talher-de-metal, Nathi a ouviu contar orgulhosamente como tudo na Inglaterra era diferente, fazendo a garota pensar que seu mundo também podia ser diferente, mais justo. Que ela mesma podia ser mais igual, mais livre.

Utopia. Mesmo em São Paulo, cidade mais rica e desenvolvida do País, a situação era muito ruim. Mara Gabrilli, agora vereadora, lutava para elaborar um Plano Emergencial de Calçadas, ou seja, propor que se reformassem pelo menos as calçadas onde estão localizados os serviços públicos e privados essenciais à população, como correios, escolas, hospitais etc. Assim, os cidadãos com mobilidade reduzida poderiam se movimentar para chegar a esses locais.

Era o mínimo.

Faria bem para Nathalia participar dessa luta. Entretanto, a menina ainda era uma colegial, do tipo básico, daquelas que se preocupam com notas e baladas, raramente nessa ordem. Não seria dessa vez que os interesses comuns uniriam Mara e Nathalia.

Por enquanto, a energia libertadora de Nathalia partia em outras direções, embora também servisse para o enfrentamento. No colégio, o professor novo de geometria resolveu bater de frente, querendo fazer exigências para enquadrar a menina ao seu modo específico e exclusivo de ensinar. Bem parecido com a professora que insistira, anos antes, para que ela usasse esquadro e compasso. Nathalia, experiente, disse "não". Então, o professor fez um ultimato para a diretoria do colégio.

– Ou fazem essa menina entrar no molde ou prefiro me demitir.

– Tudo bem.

À resposta da diretoria, o professor saiu.

Nathalia também fazia de tudo para manter o ritmo. Pediu para estudar em uma escola de reforço indicada pelo colégio. Leda concordou, embora a tal escola fosse mais cara que o próprio colégio. A menina até fazia o investimento valer, passava todas as tardes lá, a mãe ia buscar depois do trabalho.

Às vezes, Nathalia comparecia até no fim de semana.

Claro que, na prática, Nathalia não estudava em tempo integral, mesmo que a agenda puxada fizesse parecer que sim. A escola de reforço acabava sendo uma forma de multiplicar o social, bater papo, ser feliz. Nathalia descobria em toda a extensão a felicidade de ir e vir, do poder de sua palavra fácil, de quem consegue atrair as pessoas com sua voz e seu sorriso.

Muitos adolescentes buscam o esporte ou a dança para extravasar a energia e interagir com o mundo. Sem essa opção, Nathalia fez do socializar, da conversa, do riso e da diversão sua atividade física preferencial.

Se algum desconhecido desatento perguntava sobre sua perna ou braço, muitas vezes dizia que tinha se machucado para, assim, poupar uma longa explicação, que ela preferia evitar.

Em contraponto, passou a rejeitar os convites de Leda.

A mãe convidava e a menina invariavelmente respondia:

– Ah, mãe, visitar sua amiga. Que roubada!

Estava no final do segundo ano colegial e, como é bem comum nessa fase, Nathalia desapertou o juízo. Era o capeta instalado com êxito, só queria saber de fazer bagunça, não estudava na escola, não fazia lição de casa, principalmente quando era de exatas. Com essas, os amigos Rafinha e Renato um dia se ofereceram para ajudar e, a partir daí, o esquema foi fechado; faziam as tarefas de exatas para ela e ela retribuía fazendo as de humanas para eles!

O problema se acumulava. E justo quando ela devia estar se preparando para o vestibular. No fim do ano, veio a conta da felicidade: Nathalia ficou em recuperação.

Não foi em uma ou duas, mas em todas as matérias.

A sala de espera era quente, abafada; o burburinho das mulheres era contínuo. As outras pacientes esperavam tranquilas, liam revistas, conversavam animadamente com a mulher da esquerda, com a da direita, enquanto as grávidas alisavam suas barrigas. Nathalia abanava o calor.

Passava de uma hora de atraso. Por fim, foi chamada. Entrou de braço dado com a mãe, ainda forçando o sorriso no consultório da ginecologista. Dentro, aportaram no terceiro clima da tarde: primeiro, o frio de junho na rua a caminho da consulta; depois, o forno da antessala fechada e cheia de gente ; agora, o ar-condicionado da sala fresca da médica.

Nathalia pensou se não ficaria doente com aquele vaivém climático, mas forçou o sorriso mais um pouquinho.

A médica não pediu desculpas pelo atraso, só fez o primeiro e último contato visual com a menina. Cumprimentou a mãe.

Ambas se sentaram.

–Você sabe que não pode ter filhos, né? Eu sei só de ter observado você entrar.

Apontou com o dedo o caminho da porta até a cadeira. E continuou, satisfeita com sua perspicácia. "Oi?", pensou a menina.

– Mas por quê você acha isso? Sem fazer nenhum exame?, perguntou antes da mãe.

– Ah, acho sim, dá para dizer pelo seu andar. Tem relação com a largura do quadril, é comum em casos de paralisia cerebral.

Muito sutil.

Era a primeira vez que ouvia algo parecido, mas o tom foi bem casual e Nathalia esqueceu o assunto. Só mais tarde ela pensaria no que significava aquela frase da médica.

Não.

Pode.

Ter.

Filhos.

OK, OK, próximo tema.

De cara enfezada, a médica continuou sem levantar os olhos para Nathalia.

Escrevia rápido, como se as anotações fossem uma prova com hora para entregar. Quando olhava para a frente, quase sempre era para a mãe, Leda.

Nathalia não tinha ainda 18 anos, mantinha o olhar inquieto, rebelde e os cabelos longos, mais loiros do que os da mãe. Estava acostumada com a situação. Adolescentes costumam ser sedentos de afirmação, de ser percebidos como adultos. Para a menina, esse *status* parecia um pouco mais distante. Já havia se revoltado com isso antes, obtido algumas conquistas com familiares, em especial com a mãe. Entretanto, continuava encontrando o mesmo comportamento com desconhecidos.

– Deite na mesa, vamos examinar.

Leda deu o braço para a filha se apoiar e, juntas, foram até a maca. Não era bem uma avaliação médica que ocorria, mais parecia a inspeção impessoal e rotineira de uma máquina. Nesse processo, não se fala com a máquina, só com o dono dela – no caso, a mãe.

Nathalia deitou, esperou e pensou: "Então, essa é a famosa posição de galinha".

Depois de ajudar a tirar a roupa da menina, a mãe se posicionou ao lado da médica, segurando a filha, enquanto era examinada.

De repente, o incômodo. "Ôôô, Dona Enfezada, como é que você coloca um cotonetão desses sem me avisar?".

Leda continuou perguntando e a médica respondendo entredentes e de forma monossilábica.

E a filha continuou com suas conjecturas.

"Certeza que essa mulher tá precisando de mais carinho."

Um empurrão repentino, até pensou que parecia estar tendo um filho ao contrário. "Tá, exagero, eu sei."

Como não conseguia ver nem a médica nem a mãe, os olhos de Nathalia vagaram. Olhou para o lustre pequeno, para o quadro pequeno e colorido, para o diploma grande e monocromático, melhor mesmo era fingir que não estava ali. Enquanto isso, o pingue-pongue entre a mãe e a médica continuava. "Opa, nada melhor que uma conversinha enquanto fazem a vistoria."

Não que ela mesma quisesse muita conversa naquele momento. Bate-papo tem de ser quando se está vestida, e não sendo vistoriada, olhando para o teto e fingindo que não está ali.

Melhor pensar na viagem. Tinha sido tão difícil enquadrar aquela agência, tinham tido o desplante de chamar as pessoas com deficiência de "esse tipo de cliente". Mas tudo certo, estava feliz agora. Logo, logo, faria a viagem para Porto Seguro, mil baladas e "eeeeeei, podia avisar pelo menos, antes de checar minhas partes posteriores, né?".

Outras mulheres passavam por desconforto e até dores semelhantes, mas com Nathalia, naquela posição, tudo acabava por ser ainda pior. Flexibilidade não era o forte da menina.

"Unnnnff, que toque de anjo, hein? Mas que carinho nada, essa doutora Enfezada tá é precisando de um pega que a libere dessa constipação".

Médicos faziam parte da rotina, mas ginecologista era a primeira vez de Nathalia. E só porque um motivo de ordem prática forçou mãe e filha a irem até ali. Aquela viagem seria a primeira sozinha como gente grande. Quer dizer, quase sempre tinha viajado com a família, as únicas vezes só com amigas foram todas quando ela era menor, aos acampamentos da escola.

Agora era bem diferente. A Nathalia baladeira iria aproveitar muito. Não tinha decidido como seria, se ia levar a bengala ou não, considerando que a mãe ainda se recusava a comprar o carrinho motorizado. Bem, com bengala ou não, ela tinha os amigos.

O que preocupava mesmo era outra coisa. Desde que se tornara mocinha, os calores, enjoos e dores de cabeça passaram a ser quase insuportáveis. Então, veio a ideia de que tomar anticoncepcional talvez pudesse evitar esses incômodos enquanto ela estivesse longe.

Nathalia passou a se preocupar com a reação que teria ao calor baiano. Daí a tal primeira consulta ginecológica, que até aquele momento não transcorria tão bem quanto queria.

Ao fim, a doutora Enfezada nada perguntou para a paciente, nenhum exame foi pedido. A inspetora de máquinas se desobrigava de tais cuidados.

Nathalia pensou bem, achou que aquilo era pior que dentista. Pelo menos se sai do dentista com os dentes limpos... O restante da conversa transcorreu bem, sem más notícias e com o anticoncepcional receitado. Na saída do consultório, a mãe parecia aliviada por ter conseguido o que fora buscar sem surpresas e nem reclamou do atendimento da ginecologista.

Nathalia procurou esquecer aquela mulher e passou a sonhar novamente com a viagem. Deixou de lado o assunto da consulta, tirou da bolsa um pacote de biscoitos, segurando-o contra o corpo com o braço direito, que era fraco e sem movimentação. Com o esquerdo, hábil e firme, tentou abrir, mas rapidamente levou pacote à boca e o abriu com os dentes.

Então, veio a solução, ainda que tardia. "Doutora Enfezada, fiz meu diagnóstico: te receito urgentemente um Lactopurga".

Capítulo 16
BEBUM

A caráter para a Festa do Havaí

N

Com leveza, o rapaz levantou de uma vez só os 38 quilos de Nathalia e a colocou no colo. Estava quente, ela suava, mas nem sinal de enjoos ou calores excessivos. O grupo subiu a ladeira íngreme e cheia de pedras de Porto Seguro.

Sentindo o braço musculoso do rapaz, que era monitor da viagem, Nathalia pensou pela enésima vez que valia muito a pena estar ali. Muito à vontade, a menina ajeitou o cabelo longo e loiro, fazendo questão de rir alto de um comentário qualquer da amiga que caminhava ao lado.

Chegar até ali não fora simples. Seis meses antes, Nathalia havia ligado para a agência de turismo escolhida pela turma para organizar a viagem de formatura. Seria em setembro, mas a menina fez questão de ir atrás com antecedência. Nunca foi dessas que deixam as coisas para a última hora.

Pelo telefone, explicou à atendente todos os detalhes, seus 17 anos de idade, o número do grupo, o colégio de onde eram os participantes da viagem. Ao fim, mencionou que tinha uma deficiência física, com dificuldades para se locomover sozinha. Não chegou a entrar em detalhes sobre como suas pernas e um dos braços exigiam auxílio para diversas tarefas diárias. Antes, queria saber como deveria proceder.

A atendente respondeu com voz casual:

– A gente não trabalha com esse tipo de cliente.

– Como?

Não teve conversa. Nathalia desligou o telefone e cuidou de espalhar a notícia pela família: a agência se negava a vender o pacote, pessoas com deficiência simplesmente não podiam viajar.

Durante algumas semanas, ligaram para qualquer um que remotamente pudesse ajudar. Enfim, acharam uma via de acesso. O filho de um amigo do Tio Ricardo era monitor daquela mesma agência de turismo e por meio desse contato chegaram a um dos donos da empresa, que finalmente interferiu. Uma semana depois, foram pessoalmente à agência, que ficava no Pacaembu, e conversaram com a gerente.

Perguntaram se seria possível achar um monitor que estivesse disposto a ajudar. De cara, disseram que não. Nathalia decidiu levar a moça que trabalhava em casa com ela – felizmente, um privilégio que estava ao seu alcance.

Nada nos meses seguintes desanimou Nathalia; nem a ameaça de que o calor baiano aumentasse seus enjoos e dores de cabeça, nem a revelação da ginecologista, a doutora Enfezada, que disse que ela não poderia ter filhos, nem a iminência do vestibular. Como se a viagem a Porto Seguro fosse o prêmio no final daquele ano fundamental.

Durante meses, o grupo de adolescentes só falou nisso. Quando foi chegando perto do grande dia, começaram as festas chamadas de "Esquenta Porto", nas quais tocavam bandas que depois também estariam na Bahia. Logo no dia da primeira festa, caiu o exame de treineiro – isto é, vestibular para quem só quer passar pela experiência, treinar para fazer depois o de verdade. Valia para a faculdade de Psicologia do Mackenzie.

Embora guardasse um histórico de aluna estudiosa, o ano escolar anterior de Nathalia havia sido um desastre. Só que vivido com espírito leve e festeiro. A adolescente de quase 18 anos chegou ao local da prova portando uma camiseta com uma referência à famosa viagem a Porto Seguro, em que se lia apenas: "EU VOU".

Para surpresa da família, ela passou no teste. A partir daí, esqueceu vestibular, enjoos e, em boa parte do tempo, até as dificuldades de mobilidade que poderia ter na viagem. Só Porto na cabeça.

No período do "esquenta", Nathalia só queria diversão, festas diferentes, como uma em que todos foram de pijama. Em uma delas, viu uma menina, trêbada, subir e dançar na caixa de som. A liberdade tinha dessas coisas.

Afinal, em setembro, a viagem. A mãe ainda insistiu que levasse a bengala, mas não, ela acabou ficando mesmo para trás. Baseada em experiências anteriores, esperava contar com o braço das amigas.

E lá se foi Nathalia, partindo de São Paulo em uma sexta-feira de madrugada, em setembro de 2008, para uma balada de oito dias na Bahia. Bastante tempo para qualquer mãe, uma eternidade para Leda, que nunca havia ficado separada da filha por tanto tempo. E, pior ainda, sem nenhum familiar ou responsável por perto para cuidar da menina. E responsável no sentido de que, desta vez, não haveria chamado para jantar, acordar ou tomar banho. Em Porto haveria horários, mas segui-los era do arbítrio de cada um.

Nathalia? Nem aí. Queria farra, zoeira total.

Ela aproveitou a vida louca. Todo os dias, duas festas. A primeira, oferecida pela empresa de turismo no hotel, festa mesmo, no salão, com muita bebida. A segunda era uma balada local, quando ela ficava realmente solta no mundo.

O limite da liberdade parecia ser a própria personalidade de Nathalia. Se alguém mais íntimo perguntar, ela pode confidenciar que beijou um menino. E ela já conhecia esse mesmo menino antes de ir para Porto Seguro. Em contraste, nesse mundo da farra, algumas meninas contaram ter beijado durante aqueles dias uns 30, 35, talvez até 40 meninos.

E, ainda menor do que a necessidade de beijar em excesso era a de beber. Tem quem beba para ficar feliz; Nathalia não precisa disso, já leva de antemão alegria no sangue. Está sempre rindo, o que carrega atração particular quando se conhece essa garota magra, loira, de rosto bonito e sorriso fácil. No fim do dia, em Porto Seguro, todos cansados e ela continuava rindo, ainda no grau máximo de sua própria liberdade feliz.

Dentro de si, oculto, havia um universo de segredos e temores. Não só as inseguranças que cada um carrega. Tampouco aquelas relacionadas a sua deficiência física, a sua mobilidade reduzida, a precisar sempre do apoio de alguém, a ter quase sempre de abrir mão da privacidade. Não se restringia a isso.

Nathalia carregava as incertezas da adolescência.

Quando voltasse, teria de enfrentar o vestibular para valer, teria de escolher e seguir uma profissão com todos os desafios que a sociedade imperfeita reserva às pessoas com deficiência.

Não que Porto Seguro fosse um mundo sem falhas para Nathalia. No próprio hotel, no qual havia solicitado um quarto para cadeirantes, faltavam as portas do box do banheiro, haviam retirado para que o cadeirante pudesse entrar. Assim, tudo ficava encharcado na hora do banho, verdadeiro campo de batalha. Dia sim, dia não, descobria baratas andando pelas malas, sem poder matar, sem poder correr.

Ainda assim, a liberdade inédita nesse mundo imperfeito foi a droga de Nathalia, que ria com prazer especial naquela semana, tanto de dia como de noite. Porque nem só de baladas vive Porto Seguro, e, de braço dado com as amigas, ela visitou igrejas, praias, parque aquático e até aldeia de índios. Na hora de escada, vão ou barreira, o monitor sarado a carregava.

Havia ainda uma terceira opção, um equipamento que nunca fizera parte da vida dela: a cadeira de rodas. E sobravam cadeiras em Porto Seguro, muita gente sendo carregada por lá todos os dias. Nesse universo da alegria adolescente, a bebida é o ingresso para a liberdade, não só física, mas psicológica. Sempre sóbria, Nathalia era uma usuária incomum das cadeiras de rodas da cidade.

O que não quer dizer que sua energia abundante pudesse ser atribuída à moleza de ser carregada ou empurrada. Quando a rua não era desigual ou em declive acentuado, Nathalia andava, normalmente de braço dado com uma amiga. Nessa caminhada, o cansaço sempre foi maior, cada passo mais difícil para ela do que para os outros. Portanto, não credite a energia à facilidade; não há facilidade aqui. Só dor, suor e riso.

Riso mais largo quando em braços fortes, é verdade.

Lá pelo meio da viagem, uma colega cambaleante se aproximou, dizendo:

– Eeeeeuuuuu também andei no colo do monitor, viiiiu? Ele nããããão é só seeeeu!

Então, virou-se para o lado e vomitou.

Certa vez, quando iam entrar em um barco a caminho de mais uma balada, o responsável tentou barrar Nathalia com um argumento:

– Bêbado não embarca!

Justamente para ela. Mas o fato é que era mesmo comum alguém passar por ela, apontar e declarar:

– Coitada, bebeu demais.

Quase sempre o grupo deixava passar esse tipo de comentário – vá explicar –, para não perder tempo valioso. Mas houve o dia em que Nathalia deixou a moça abelhuda quase roxa e com sorriso amarelo quando resolvei retrucar, de um jeito cândido, que escondia o desconforto:

– Moça, não estou em coma alcoólico...

Pausa para respirar.

–...eu tenho deficiência.

capítulo 17

QUEIMAÇÃO

A estudante em sua *scooter*

N

– Como você consegue ser feliz assim?

Foi na Bahia que Nathalia ouviu pela primeira vez esta frase. Já sabia que era uma pergunta feita pelas razões erradas, nascida do preconceito. Só que, naquele ponto da vida, a pergunta infeliz a fez refletir sobre sua liberdade e sua capacidade de ser feliz. Voltou queimada de sol da Bahia, sentindo-se mais livre, com um riso ainda mais constante. Por dentro, uma queimação diferente começava.

O que dividia Nathalia em duas era a decisão sobre qual profissão escolher, um tema especialmente complexo para alguém com deficiência. Muitos acreditam que financiar políticas assistencialistas é suficiente. Mas muito mais difícil do que isso é possibilitar que a pessoa com deficiência seja realmente integrada à sociedade. Decidida a conquistar a liberdade, Nathalia rejeitava qualquer modalidade de segregação.

As duas Nathalias eram assim: uma falante, feliz e expansiva, aquela que aproveitou intensamente o ano de 2008; a outra, introspectiva, pensativa, receosa do futuro.

Na decisão sobre o que faria da vida, a Nathalia introspectiva parecia levar vantagem. Aquela adolescente-quase-adulta sabia ouvir. E, aparentemente, sabia dar conselhos.

A técnica de Nathalia consistia em dar força para a pessoa ficar "para cima", como se diz. Às amigas da escola, alertava:

– Se o cara te faz mal, manda passear.

E completava, com um sorriso:

– Não tropeça, porque a fila anda.

Batata, a amiga saía contente e disposta a mandar passear quem a fazia sofrer.

Só que não foi o cargo de conselheira-mor entre as amigas que fez Nathalia escolher a profissão. A dica veio de uma situação mais concreta. No ano anterior, um amigo do Tio Ricardo sugeriu a ele que fizesse um treinamento comportamental de melhoria contínua. Ricardo não sabia bem do que se tratava, mas a ideia de fazer um mergulho em si mesmo lhe pareceu interessante. Em abril de 2004, tomou a decisão de entrar no curso. E saiu de lá uma pessoa diferente. Foi onde conheceu o terapeuta Tadashi Kadomoto.

Quem é Tadashi e o que é exatamente o curso fica para mais tarde. O importante é que, nessa época, Nathalia observou que a família se transformava. Porque não foi só Ricardo que fez o curso. Primeiro ele, depois a esposa, depois a mãe, Leda, o pai, Roberto e por fim... Não, esta integrante da família foi bem depois. Entre 2006 e 2007, foram essas quatro pessoas que fizeram o curso e chamaram a atenção de Nathalia para interessantes transformações psicológicas.

As pessoas chegavam animadas, empolgadas, contando detalhes da experiência. Então, o assunto sumia das conversas. Entretanto, algumas transformações, sutis ou surpreendentes, permaneceram. O tio se tornou mais espiritual, parecia mais leve; a mãe se separou; o pai se tornou mais assertivo nas decisões. Nathalia achou que isso era definitivamente intrigante.

Daí, dessas transformações, consolidou-se a ideia de fazer Psicologia, o estudo da mente e do comportamento. Ou, como alguns preferem, o estudo da alma. Nathalia queria entender a si e aos outros.

A ideia não era unanimemente aceita, sobretudo porque, desde que a menina era pequena, a mãe sentia que o futuro dela estava no Direito. Do jeito que ela argumentava, pensava Leda, só podia virar advogada.

Qualquer que fosse a escolha, a menina se viu diante da imposição de escolher uma profissão. Com diminuto conhecimento da vida e do mundo, todo adolescente é colocado diante dessa escolha precoce, em que precisa definir o que será dali por diante.

De cara, Nathalia saía com algumas preocupações específicas. Sua escolha deveria levar em consideração sua mobilidade e capacidade manual reduzidas. Fora isso, estava decidida a não deixar nada mais interferir na sua escolha.

Enquanto ela não se decidia e nenhuma das duas Nathalias predominava, o tempo correu na empolgação do último ano de colegial, aquele com gosto de que a vida vai mudar, de que o velho e manjado está prestes a ficar para trás. Durante vários meses, dois pensamentos disputaram espaço na mente de Nathalia: a perspectiva da viagem para Porto Seguro e a escolha da profissão. Mas a profissão estava longe e talvez já estivesse mesmo definida: seria psicóloga. O receio de que algo poderia dar errado diminuiu quando Nathalia passou no vestibular como treineira. Dali em diante, Porto Seguro parecia estar ganhando a batalha.

A lembrança de ter ficado em recuperação em todas as matérias no ano anterior começou a ficar esquecida. Mesmo Leda, que na época chegou a defender a troca de colégio, afirmando que ali era rígido e puxado demais, agora se mostrava convencida de que as coisas haviam se ajeitado. Tudo parecia ir muito bem.

Quando voltou da viagem, feliz e realizada, uma pequena consciência se infiltrou na alma de Nathalia. De início, atribuiu aquela queimação no estômago a algum sintoma da incômoda menstruação. Só descobriu que era algo diferente no ano seguinte.

A queimação aumentava quando pensava na carreira. Precisava ter convicção sobre qual deveria escolher. Um dia, a professora de literatura do colégio aproveitou uma aula dupla para aplicar um teste vocacional nos alunos. O de Nathalia saiu com três opções como resposta. Uma sugeria que ela fosse assistente social. As outras duas: Direito e Psicologia. Deu mais certeza, mas não ajudou nem um pouco a tirar a dúvida. Nathalia se manteve no impasse entre entender o comportamento das pessoas e estudar o sistema que pretende regular as relações entre elas.

Algum tempo depois, Leda chegou em casa com uma amiga promotora. E ela veio, perto do aniversário de 18 anos de Nathalia, quando faltava pouco para o vestibular verdadeiro. A promotora chegou, de olhos azuis e olhar firme, com uma postura que entregava a autoridade típica do cargo.

Quando ela terminou a explicação, Nathalia estava impressionada. Para si mesma, argumentou que também poderia ajudar as pessoas se fizesse Direito. O fator financeiro influenciou – advogados costumam ganhar mais do que psicólogos –, e essa era uma questão que preocupava a família toda.

Afinal, ficou claro que o custo de vida de uma pessoa com deficiência é bem alto e não dava para garantir que os pais estariam sempre por perto. Nathalia precisava de uma profissão que lhe desse tranquilidade. Talvez psicologia não fosse suficiente. Naquele dia, teve a certeza: ao lado de Psicologia, também prestaria para Direito.

O aumento das opções lhe trouxe um pouco de conforto. Além disso, aproximava-se a comemoração dos seus 18 anos. A data sempre foi coisa séria para Nathalia. Lembrou que a melhor festa em casa até então havia sido a de seus 16 anos, mas naquela estava demasiadamente preocupada com o Paixonite. Nesta, tudo seria diferente.

Resolveu fazer uma festa a fantasia. Correu com os preparativos, tomada pelo espírito de realizar. Contratou o DJ, depois inventou de chamar um sujeito que cuspia fogo. No dia, sentiu completamente a liberdade. Nathalia considerava ter se transformado em uma festeira, perfeita baladeira, ativa, com a vida sob seu controle.

Setenta pessoas compareceram: Juliana, as meninas da unidade anterior do colégio, as amigas do litoral, gente da família, até o pessoal de Porto Seguro. Todos estavam lá. O auge foi quando o engolidor de fogo fez seu *show* ao lado da piscina.

Ao final da festa, ela sabia que a diversão de 2008 havia terminado. Aquele fiapo de consciência de antes agora crescia intensamente dentro dela. O fogo do engolidor ficou na memória, a queimação interior recomeçava. Era a hora dos vestibulares.

Além das preocupações comuns, acrescentam-se as específicas. Um censo feito em 2010 diz que 0,25% dos estudantes universitários são pessoas com deficiência. Apesar do percentual minúsculo, são mais de 16 mil pessoas. Se considerar que se estima o número de pessoas com deficiência em milhões de indivíduos, é muito pouco. E, para as faculdades, deve ser pouco mesmo. É rara uma instituição que ofereça a acessibilidade adequada.

Nathalia prestou o vestibular da Fuvest, em que escolheu Psicologia. Como faria em quase todos os vestibulares, pôde indicar que era uma vestibulanda com "necessidades especiais", um termo ainda usado e que não se restringe a pessoas com deficiência – alguém doente ou em circunstância social complicada pode eventualmente alegar que tem necessidade especial.

Ao indicar que era uma pessoa com deficiência, a maioria dos vestibulares solicitava um laudo médico para comprovar. Por isso, quando chegou o dia da prova, uma funcionária estava lá para passar as respostas para o gabarito que Nathalia havia marcado na folha de perguntas. Leda, que a tinha levado, foi buscar a filha.

Na volta, conferiram o gabarito, que era entregue pelos cursinhos na porta do local. Fez 37 pontos do total de 80, menos do que precisava, mas não ligou muito, porque a USP nunca havia feito parte dos seus planos.

O segundo vestibular foi o da PUC, onde prestou Psicologia e Direito. O mesmo ritual se repetiu, só que, dessa vez, Nathalia teve de ligar avisando sobre sua condição. Pediram-lhe laudo médico e ela enviou. No dia, foi levada para uma sala especial, onde fez prova sozinha. Sentiu o estômago queimando como nunca. A sala era empoeirada e a rinite atacou. A menina que anotou suas respostas tinha idade próxima da dela e fazia aquela função pela primeira vez. Nathalia explicou o tipo de ajuda de que precisava, indicando duas ou três vezes como a menina deveria preencher o gabarito.

Quando saiu, encontrou Leda e o irmão, Guilherme. Achou que tinha ido mal, fez as contas com o gabarito dos cursinhos, viu que havia ficado muito em cima da linha de corte, não teria pontos suficientes. A partir dali, a queimação no estômago começou a aumentar em frequência e intensidade, como se o engolidor de fogo tivesse esquecido uma de suas tochas dentro dela. A azia infernal revirava Nathalia no ir e vir do refluxo.

No vestibular do Mackenzie, novamente tentou Direito e Psicologia. Não pediram laudo. Ela só mandou um e-mail e alguém ligou pedindo para ela explicar do que precisaria no dia. Estava com bastante esperança. A redação tinha peso grande e ela costumava ser boa com as palavras.

Chegando lá, foi levada para um auditório com pouco mais de 30 pessoas que também tinham "necessidades especiais". Alguns funcionários repetiam em voz baixa as instruções para os deficientes visuais.

Saiu sem saber muito bem o que pensar sobre seu desempenho, com a cabeça já no próximo exame. Seria a Escola Paulista de Medicina, onde prestaria somente Psicologia. Esta era a que Nathalia mais queria, tanto pelo local como pelo curso. No embate entre as opções, o estudo da alma se sobrepunha ao estudo do sistema.

Além disso, o *campus* do curso ficava em Santos e na ideia de mudar de cidade residia um certo anseio de liberdade, a distância da família, que traria complicações físicas e liberdades psicológicas. Para ela, algo não muito diferente do que havia experimentado em Porto Seguro.

O exame durou três dias. No primeiro, Leda levou a filha novamente, de braço dado, como sempre, até a porta da sala especial, e tudo parecia confirmar as expectativas positivas de Nathalia. O local tinha boa acessibilidade, poderia até ter entrado de cadeira de rodas. Ficou sozinha, em um silêncio agradável, que lhe permitiu se concentrar. No final, um rapaz aparentando ter experiência na função se aproximou dela e calmamente perguntou:

– Você sabe que só vai me ditar as respostas, né? Eu anoto no gabarito.

Sabia o que estava fazendo.

Finalmente, o sonho de fazer Psicologia e ainda mais em outra cidade parecia concreto, viável. Nos dois dias seguintes de prova, o hábito de ser levada por Leda foi quebrado e Nathalia pegou carona com uma amiga, vizinha da casa do litoral norte. No último dia, enquanto voltava com a amiga para casa, percebeu que a prova havia sido extremamente difícil e duvidou de que pudesse passar.

Enfim, o sonho ruiu em meados de janeiro de 2009, quando descobriu a nota na casa da mesma amiga. Precisava fazer 30 pontos, havia conseguido 29,45. E, por míseros 0,55, havia perdido a chance de estudar no lugar que queria.

Conseguiu resistir ao choro. Pelo menos, até chegar em casa.

Com as lágrimas, um trator emocional passou por cima dela, arrasando tanto a Nathalia expansiva quanto a introspectiva. O choro trazia com ele uma culpa arrasadora de não ter estudado o suficiente. Também machucava o medo de não conseguir fazer faculdade, de não ter profissão, de não poder provar capacidade para si mesma, para a família, para os amigos. Se a vida profissional já é difícil para uma pessoa com deficiência diplomada, imagine para aqueles que não são formados.

Claro que Nathalia corria menos risco do que a média das pessoas com deficiência, eternamente sob ameaça de viver como párias sociais, dependentes de instituições de caridade. Mas depender eternamente da família também é ser um pária e era contra essa ameaça que Nathalia queria e precisava se rebelar. Ela tinha medo de ser para sempre carregada, não física, mas socialmente. Tinha medo de ser relegada a um papel de coadjuvante no filme de sua própria vida.

Claro que faculdade não é tudo na vida. É perfeitamente possível ser feliz sem fazer uma. Mesmo uma nova tentativa no ano seguinte não estava fora de questão. Só que Nathalia precisava daquela prova de que era capaz. Naquele ano, não depois.

Restava uma última chance. Não em Psicologia, ao menos não naquele ano. Poderia ainda prestar para Direito em uma faculdade conceituada que realizaria o vestibular no final de janeiro.

Uma semana antes da prova, ligou três vezes para a organização do vestibular, sem conseguir informações sobre como proceder. O Tio Ricardo interveio – no dia, o próprio organizador recebeu Nathalia, que até pôde entrar e estacionar o carro dentro da faculdade.

O prédio impressionava, as rampas de acesso eram perfeitas e os banheiros, adequados para cadeirantes. Nathalia não podia pedir nada melhor, ao menos se vivesse em um mundo onde as desigualdades da deficiência fossem completamente resolvidas por ajustes arquitetônicos.

Naquele dia, foi suficiente. Fez a prova em uma sala dotada de forte ar-condicionado, sentindo-se confiante, porque aquele teste cobrava mais em raciocínio e atualidades.

E passou. Em décimo lugar. Se formaria em Direito, seria juíza, seu futuro parecia traçado. Teria uma atividade na qual se sentiria capaz e ao mesmo tempo útil e realizada dentro da sociedade. Teria condições de se manter financeiramente, de ser realmente livre.

A queimação diminuiu.

capítulo 18

NÃO CONDUZO

Formanda do Ensino Médio

– Fica aí. Se você aparecer no filme, fica feio.

Nathalia não absorveu de imediato a crueza daquela mensagem.

Depois que a organizadora do evento se afastou, Nathalia olhou em volta, avaliando o lugar onde havia sido deixada. A sala parecia um vestiário pouco usado, cheia de armários, sem janelas e com pouca iluminação. Lá fora, estavam sua família e todos os amigos do colegial. Nathalia vestia uma beca negra, dando destaque aos cabelos loiros e longos até a cintura, ainda mais na penumbra da sala. Na cintura, uma faixa vermelha, que ela ajeitava devagar. Então, o olho direito tremeu, bem de leve.

A atitude da organizadora não foi uma surpresa total. Seis dias antes, durante o ensaio que precedeu aquela colação de grau, a mesma organizadora pediu que Nathalia ficasse sentada em vez de entrar junto com os amigos. A mãe de uma amiga interferiu e Nathalia pôde participar da entrada festiva. Isso aconteceu em uma segunda-feira. Na missa da quarta-feira, também entrou de braço dado com uma amiga, na fila com todos os formandos.

Agora era domingo, o grande dia. Mas ao contrário de entrar com a amiga, como programado, parecia ter sido esquecida naquela sala. "Fica feio", a frase lhe vinha à mente e certamente ficaria marcada em sua memória. Dez minutos se passaram, mais dez e mais dez. Meia hora no total. Nathalia se sentia aprisionada, nem tentou abrir a porta, porque demoraria muito para chegar onde estavam os amigos.

Enfim, a porta se abriu. De lábios espremidos e sem piscar, a organizadora apareceu e pegou Nathalia como quem pega uma galinha. Diferente de como os amigos bem sabiam fazer, dando o braço, como cavalheiros. Encontraram a classe na entrada do teatro e Nathalia pôde entrar com eles, uma amiga de um lado e a organizadora do outro. Se o filme "ficou feio", a frase ficou para trás.

Os alunos entraram, acomodaram-se. Com os amigos e parentes, ocupavam uma casa de espetáculos capaz de abrigar 3 mil pessoas. A chamada para receber o canudo começou. Primeiro chamaram o 3º A inteiro, isto é, a primeira turma do terceiro ano do ensino médio. Nathalia seria chamada na classe seguinte, o 3º B.

Veio a letra G.

Veio a letra J.

Veio a letra L.

Afinal, chamaram a amiga Mayara e foi nessa hora que Nathalia ajeitou-se na cadeira, preparando-se para levantar.

– Paula...

"Pularam meu nome?", pensou Nathalia.

Olhou na direção da família, ansiosa. Os minutos foram passando e a família se agitando. Depois de cinco minutos, a organizadora chegou perto, entregou discretamente o diploma para Nathalia e fez um sinal para o fotógrafo registrar o momento longe dos holofotes.

Nathalia virava para um lado e outro, impotente, percebendo os olhares. Buscava também a família, longe. Passaram-se mais dez minutos. Então, como se um mecanismo pusesse todos em movimento ao mesmo tempo, Roberto, Leda e o Tio Ricardo se ergueram, cada um indo para um lado. O Tio Ricardo argumentou com o cerimonialista. Leda se aproximou de Nathalia, perguntando o que a filha queria. Roberto pensou que o melhor mesmo era chamar a polícia.

A mensagem dada pela família foi bem clara: Nathalia precisava receber o diploma na frente, igual a todos os outros. E, se acontecesse qualquer coisa diferente disso, iriam resolver o problema de maneira menos discreta, fosse via imprensa, fosse via Justiça.

Foram obrigados a esperar terminar todas as salas, o que significava mais quatro da unidade onde Nathalia estudava (C, D, E e F), além de mais duas classes da outra unidade. Já havia se passado mais de uma hora quando fizeram o sinal para Nathalia.

O amigo Renato apareceu ao seu lado e lhe ofereceu o braço. Ele, sim, sabia segurar, como ela dizia, com postura de quem dança quadrilha. Ela avançou devagar em direção ao palco enquanto o teatro todo levantava, batendo palmas.

Na saída, já com o canudo na mão, ouviu da organizadora a pergunta:

– Você me desculpa?

– Te perdoo na Justiça, respondeu Nathalia, ainda com raiva, e já com cabeça de advogada.

Depois, desistiu de processar, amava demais aquela escola. Mais tarde, ela e a mãe trataram do assunto em duas reuniões com a diretoria do colégio, que garantiu dar treinamento aos funcionários para evitar que situações como aquela se repetissem. Leda ainda mandou uma notificação oficial para a organizadora da formatura, funcionária com 25 anos de casa naquela escola.

Tudo isso ocorreu no começo de 2009, na mesma semana em que Nathalia começava o primeiro ano da Faculdade de Direito. Logo no primeiro dia, uma mudança fundamental ocorreria na vida da menina. Não na faculdade, mas por causa dela. Quando terminou a primeira aula, Nathalia e a mãe foram a uma loja comprar um triciclo motorizado.

Para Leda, foi a morte de uma esperança, a derrota final no que considerava uma batalha de Nathalia contra o corpo. Sempre mantivera a convicção de que a fisioterapia haveria de fazer a filha andar sozinha um dia. Com o carrinho, os músculos dela receberiam menos estímulo e ela mesma teria menos motivação para perseverar na fisioterapia.

O caso é que tanto mãe quanto filha perceberam, no dia da matrícula, que a locomoção na faculdade seria inviável, a não ser que Nathalia mantivesse uma ajudante colada a si em tempo integral. Nada agradável para uma universitária tentando se integrar. E Nathalia queria muito isso.

A menina não tinha opinião formada sobre o tema do carrinho, nunca havia pedido um. Em poucos dias, mudou radicalmente de opinião. Agora, podia andar de um lado para o outro praticamente sem ajuda de ninguém. Aliás, se estivesse com o carrinho no dia da formatura do colégio, poderia ter saído daquela sala escura e ido rapidamente ao encontro dos seus amigos. O carrinho era sua ferramenta para a liberdade.

Com ele, Nathalia desfilava pela faculdade, feliz por se deslocar sozinha e, ao mesmo tempo, satisfeita por estar se preparando para ser uma advogada. Não era dessas que dão nome às coisas; mochila era mochila; caderno era caderno. Nathalia foi prática o suficiente para encarar o carrinho como o pedaço de metal e plástico mais útil da sua vida. Sem mimimi.

Tudo em sua vida parecia caminhar de acordo com seus sonhos, mesmo considerando as várias trombadas que dera nos primeiros meses com o carrinho. Uma vez, quase quebrou uma porta da faculdade, tal a força da batida. Nem ligou, riu a valer e seguiu sonhando.

Este momento, o da entrada na faculdade, é um grande momento de ilusões e conquistas, um dos mais importantes ritos de passagem da sociedade contemporânea. É o ambiente que prepara a participação na sociedade, até pela vida social mais intensa, cheia de baladas – o que Nathalia também fez questão de aproveitar. Ela chegou até a viajar para os Jogos Jurídicos, assistida por uma funcionária da faculdade, que a acompanhou.

Baladas à parte, a própria faculdade empolgava, embora uma das aulas preferidas de Nathalia fosse justamente a de Psicologia Jurídica, o que às vezes a fazia pensar se não havia escolhido o curso errado.

O começo foi excitante. Os tempos de farra sem estudo eram passado. A menina se dedicava a descobrir o mundo das leis. O primeiro semestre transcorreu sem DPs – nenhuma dependência em nenhuma disciplina. Teve especial queda por uma aula de Metodologia, na qual um professor de 28 anos sempre sorria para ela, dizendo:

– Veja bem, doutora...

Nesses momentos, o sorriso dirigia-se mesmo a ela, porque Nathalia era tímida o suficiente para somente fazer perguntas depois da aula. Ajeitava lentamente o material na mochila, enquanto a amiga Débora preparava o carrinho. As duas pouco notavam os olhares enviesados do restante da classe. Só esperavam que a sala se esvaziasse para Nathalia procurar sorrindo os olhos do professor. Também havia um colega de classe que chamou sua atenção, mas a simpatia mais tarde se provaria seletiva, manifestando-se apenas em momentos isolados.

Nathalia demorou para perceber isso.

De início, os detalhes pragmáticos se impõem, deixando as sutilezas em segundo plano. E aquela faculdade era bem prática, porque não ficava muito longe de casa e porque agora Nathalia tinha um motorista que a levava.

Da mesma forma, a liberdade motorizada se ampliou mais um pouco quando a menina decidiu trocar de academia. Não aguentava mais o ar-condicionado gelado da outra, que adorava, mas pouco frequentava. Resolveu ligar para a academia que havia no Shopping Higienópolis, que ela constantemente visitava e considerava um espaço bem preparado para atender a pessoas com restrições de mobilidade. Outra vantagem: ficava na metade da distância do outro.

Dessa vez, algo diferente ocorreu. Antes, Nathalia também ligava e ia atrás do que queria, mas, na hora de ir ver, dependia da mãe, que por sua vez sentia que precisava ir junto.

Agora, não. Nathalia escolheu o lugar, ligou e viu tudo o que era necessário. Na primeira visita. Leda ainda foi junto, encontraram a fisioterapeuta da academia, Mariana Michelin, sentaram com ela, fizeram a avaliação e marcaram uma sessão para ver se Nathalia curtia, se o santo batia. A essa, ela foi sozinha.

Parece algo banal, trivial, o fato de uma garota de 18 anos ir desacompanhada escolher sua academia. Creiam, não é. Sair de casa sozinho para uma pessoa com deficiência é ato raro, verdadeiro acontecimento, um evento. Na maioria das vezes, saem com um familiar – na realidade, os que saem acompanhados também têm muita sorte; são os que contam com alguém. Na maioria das vezes, Nathalia descobriria mais tarde, as pessoas com deficiência estão presas em suas próprias casas, em seus próprios quartos, e nunca saem, sozinhas ou não.

Tudo isso não torna menor a necessidade de privacidade e autonomia de Nathalia. Ela queria muito fazer por si mesma, de uma maneira que nem ela entendia claramente. Naquele dia, foi tomada por sensações estranhas e conflitantes. Até porque é muito esquisito tatear o mundo sozinho quando isso não é um hábito.

As pessoas não entendem o valor de tudo isso simplesmente porque não se lembram. Esquecem o medo que sentiram quando eram pequenas. Nathalia não tinha mais idade para sentir medo, já tinha saído várias vezes de casa sem a mãe. Mas ainda sentia o prazer inebriante de tomar sua vida nas mãos. Isso ainda não tinha sumido. Talvez, para ela, nunca suma.

A partir daí, saía da faculdade, almoçava em casa, e duas vezes por semana ia para o *shopping* fazer fisioterapia na nova academia.

Dessa vez, a sintonia entre fisioterapeuta e paciente foi total.

Na academia anterior, Nathalia não conseguiu usufruir a verdadeira liberdade, estava sempre doente e acabou indo a poucas aulas. A partir de Mariana, algo mudou. Antes, toda a comunicação era de Magui com Leda. Nathalia sempre foi considerada criança. Aos 18 anos, passou a lidar diretamente com a nova fisioterapeuta e assumiu o controle. Leda só ficou sabendo em detalhes como era a nova fisioterapeuta por meio do que lhe contava Nathalia.

Para a garota, a nova fisioterapia era, inclusive, mais pesada, saía exausta e com dor nos músculos. Sem contar que a academia oferecia vários recursos, tinha bola e diversos aparelhos, dispunha das salas 1, 2 e 3, onde os fisioterapeutas e professores podiam aplicar atividades especiais aos alunos.

Para quem olhava de fora, a academia parecia uma balada, gente bonita, obviamente sarada, desfilando entre aparelhos de musculação quase à meia-luz, sempre ao som da música ambiente comum desses lugares, Tutz Tutz Tutz... Tudo parecia dizer vamos dançar, vamos mexer, vamos viver. Adeus clínica, olá mundo...

Mariana também parecia em sintonia com aquele lugar e com Nathalia. Disparava comentários sobre os que passavam, conversa comum de duas amigas observando o que está a sua volta em uma balada. E na hora de fazer o exercício, dizia:

–Vamos lá, Nathi, Projeto Perna Mara Gabrilli em ação, coloca essa perna pra cima!

Entre uma brincadeira e outra, falava diretamente com Nathi, explicando tudo e cada detalhe:

– Está vendo esse osso da perna? ele precisa...

Aí, no meio da explicação séria, vinha um comentário brincalhão. E sobrava bobagem, a forma como se manifesta a alegria nessa idade e às vezes também em outras idades.

O clima de balada era tanto – ser uma universitária, sentindo-se quase no controle de sua vida – que Nathalia entrou na onda de ir a baladas de verdade. Uma das primeiras foi a Pink Elephant, que havia sido inaugurada no final do ano anterior. Balada badalada, filial paulistana de uma marca internacional, a Pink Elephant era um lugar para ver e ser visto.

Quando chegou ao local, percebeu que o público ia lá bem consciente desse objetivo. Sob a luz bruxuleante, que piscava verde e piscava laranja, conseguiu enxergar as meninas maquiadas, de saias curtas; os meninos sarados, com roupas caras. Enfim, o público lembrava bastante o da faculdade.

Nathalia achou que a capacidade do lugar devia ter estourado naquela noite, porque havia tanta gente que era até difícil se mexer. Da porta aos corredores, tudo era muito estreito para ela se locomover com o carrinho. Nunca se fala de acessibilidade nesses lugares. Foi tão complicado chegar ao camarote que ela achou melhor não sair mais de lá.

Sorte dela, porque logo depois um batalhão de garçons igualmente sarados invadiu a pista segurando nas mãos garrafas de *champagne* que soltavam faíscas para todos os lados. O alto-falante gritou que "Fulano *is in the house*" e em seguida começou a tocar bem alto a música-tema do filme *Superman*.

Depois, Nathalia descobriu que aquilo acontecia toda noite e que bastava comprar mais de 10 garrafas de *champagne* para prontamente ser "anunciado" na casa daquela forma bombástica, quase uma apoteose.

Mas o álcool, sempre tão presente nas baladas, atemorizava Nathalia. Por experiência, sabia que, quando todos bebiam, ela podia ficar sem ninguém para ampará-la. A incerteza criou nela uma necessidade de controle constante; não aceitava perder o domínio de si mesma. Se dependesse dela, nunca haveria de colocar uma gota de álcool na boca.

Para Nathalia e as amigas que a acompanhavam, a grande atração da festa eram dois jovens professores da faculdade que estavam presentes, os dois cobiçados por praticamente todas as meninas da sala.

Nathalia tinha especial apreço por um deles, que cuidava de trazer material já previamente digitado, o que fazia toda a diferença para ela. Sem contar que todas as alunas da classe achavam aqueles dois professores muito gatos. Apesar da companhia potencialmente agradável, Nathalia preferiu ir embora logo. No ano seguinte, o lugar seria lacrado por falta de alvará e acabaria fechando, com promessa de voltar mais tarde.

Gradualmente, o interesse pelas baladas foi diminuindo. Ao final do semestre, as boas notas reforçaram a ideia de que a menina do colegial havia ficado para trás. Em Metodologia da Pesquisa Jurídica, chegou a tirar 9,0 e 9,5.

No segundo semestre, se desfez a ilusão daquele mundo. Foi quando Nathalia descobriu que a melhor amiga que havia feito na classe não continuaria a faculdade. Outra colega também desistiu, por não poder pagar a mensalidade.

A solidão repentina da universitária não foi tão inesperada. Havia se refugiado em amizades específicas, tentando evitar a percepção da realidade: aquele grupo era excludente por natureza. Um grupo que nunca havia conhecido pessoas com deficiência, que havia estudado a vida inteira em lugares que rejeitavam a diversidade, lugares iguais aos que haviam rejeitado Leda e Nathalia quando procuravam escolas quinze anos antes.

Escolas que não aceitam a diversidade produzem alunos intolerantes, porque lhes negam a possibilidade de enxergar a diferença no mundo. Estudantes que perdem, sem perceber. E que também acabam sendo excluídos. Aquele grupo era o resultado dessa exclusão.

Começou com uma menina com nítido interesse pelo rapaz que mostrara simpatia por Nathalia. Nunca se soube realmente por que ela agiu como agiu. Talvez tenha sido por ciúmes, talvez porque ela própria tivesse sido discriminada antes por estar acima do peso em um ambiente universitário onde se dá extrema importância à aparência.

Fosse qual fosse o motivo, a estudante decidiu fazer da colega com deficiência um alvo. Percebeu que Nathalia mantinha a mão direita dentro do Código Civil para que este não fechasse. Era sempre complicado para ela reabrir o livro e localizar o trecho desejado. A mão de Nathalia guardava as páginas, ao mesmo tempo que o livro guardava seu punho crispado, sempre fechado.

O primeiro ataque não foi sutil.

– Olha como ela marca o Código, gente.

Disse isso rindo, em tom de evidente deboche. Depois, sentou, abriu o próprio livro e colocou a mão dentro, imitando Nathalia.

Alguns riram, observando a cena. Apesar de o comentário ter sido feito alto o bastante para todos ouvirem, inclusive o professor, ninguém disse nada. O ataque se repetiu outras vezes, configurando o que em outro momento foi definido como *bullying*. Ou seja, usar determinada característica para contínua e repetidamente ferir a pessoa.

Nathalia voltava chorando e contava para a mãe o que estava enfrentando. Xingava a menina com o ódio que a humilhação produz.

O ódio passaria; a mágoa, nunca.

Nathalia – devido à boa situação financeira – tinha condições melhores que as de boa parte das pessoas com deficiência, mas isso não bastava para livrá-la do preconceito. Percebeu que ser livre exige mais do que a boa acessibilidade do prédio da faculdade, mais do que ter um motorista e um triciclo motorizado. A felicidade e a liberdade desejadas dependiam de muito mais do que a sociedade está disposta a oferecer. Tudo vai falhar se não houver aceitação; tudo será insuficiente.

O ambiente se tornava cada vez menos prazeroso. Certo dia, Nathalia decidiu fazer uma pergunta, e outra cena ocorreu. A garota que costumava usá-la como alvo interveio:

– Vai responder para a deficiente, professor?

Como no deboche com o livro, aqui também a classe e o professor ignoraram o comentário. Mais uma vez, Nathalia não conseguiu reagir, ficou muda, inerte. Os olhos não piscavam, nem chegaram a tremer. Para ela, tudo devia ser uma grande brincadeira, em algum momento todos iriam sorrir e dizer:

– É uma piada, Nathi, você acreditou? Ninguém poderia ser tão cruel, não é mesmo?.

Nos meses seguintes, piorou. Até mesmo o rapaz simpático, que sorria vez ou outra para ela, passou a agir de modo estranho.

– Oi!, cumprimentou Nathalia.

Ele passou reto, como se não tivesse ouvido. Do outro lado, ao longe, ela percebeu um grupo de meninas observando a cena. Dali em diante, o rapaz passou a ignorar Nathalia sempre que o grupo de meninas estava por perto – embora continuasse dizendo "Oi" quando estavam sozinhos.

Para completar o ambiente surreal, chegaram a trancar Nathalia várias vezes no banheiro e no elevador. Uma mensagem estava sendo transmitida: a pessoa com deficiência não tem lugar na nossa faculdade perfeita.

Pausa.

Dê tempo para o natural sentimento de revolta. E saiba que o que acontece com Nathalia ocorre em todos os lugares. Na maioria das vezes, pessoas com deficiência saem de suas casas ou de centros de reabilitação e encontram um mundo sem acessibilidade, mas, principalmente, preconceituoso e cruel.

Não há justificativa, mas talvez seja possível tentar explicar o injustificável.

Diante de um comportamento desse tipo, é possível usar os acadêmicos para compreender o que leva alguém a ser cruel a esse ponto. O sociólogo e antropólogo canadense Erving Goffman respondeu a essa questão com o que chamou de Teoria do Estigma. As pessoas de um determinado ambiente social criam uma expectativa sobre quem elas vão encontrar naquele ambiente. Quando essa expectativa é quebrada, o grupo reage mal. E isso porque o diferente é visto como ameaça e, portanto, deve ser afastado do grupo de iguais.

Esse grupo falhou – e ainda falha – em perceber que todo ser humano é um igual. Eles negam a humanidade.

Negar a humanidade de outro os coloca em um grupo triste, de grandes e pequenos atos de crueldade.

Estão juntos na turma da médica que tratou Nathalia como objeto e lhe negou a maternidade; da mulher que seguiu a família em direção à praia, questionando insensivelmente sobre o que Nathalia tinha; da diretora da escola que rejeitou Nathalia e da organizadora que tentou impedi-la de aparecer na colação de grau e pegou nela como em uma galinha.

São como os romanos, que atiravam os que tinham deficiência do alto da Rocha Tarpeia. Como os nazistas, que também os executavam.

Do maior ao menor ato, todos desumanizam o outro.

Se eles conhecessem a história desse outro, tudo seria diferente. No caso de Nathalia, por exemplo, saberiam que ela por pouco nasceu com vida. Que andou passos trôpegos na praia de boné e baldinho amarelos. Que enfrentou fisioterapia, tratamentos e cirurgias a vida inteira. Que riu alegre em *shows*, que chorou de alegria ao receber um irmão, que chorou a dor da perda de uma avó querida, entre tantos desafios e problemas enfrentados.

E, naquele setembro de 2009, ela perderia mais uma avó, Dona Leda. Chorou com tanta força que a dor de cabeça, que tinha lhe dado descanso, voltou – furiosa, constante, incessante. Não conseguia falar com o avô, ferida pela primeira morte que conheceu como adulta. Aquietou depois que leu um texto do rabino Henry Sobel. Intitulado "Partidas e chegadas", o texto descreve um veleiro afastando-se da costa, mar adentro, até desaparecer. Sumiu? Não. Continua lá, avançando, até que alguém, do outro lado, diz: "Lá vem o veleiro".

Nathalia sofria e sofreu como todos. Aqueles alunos e alunas preferiram ignorar isso. E o preconceito não se restringiu aos alunos nessa faculdade. No início daquele mesmo semestre, um professor decidiu perguntar o que os estudantes buscariam fazer na carreira como advogados. Quando chegou a vez de Nathalia, ela respondeu com convicção:

– Quero ser juíza. Ou promotora de Justiça.

O professor deu um passo na direção dela, com uma expressão de quem refletia e disse:

– Não, não, acho que você não vai conseguir chegar a nenhuma delas. Aliás, não sei o que você está fazendo aqui.

Para deixar bem claro: Nathalia ouviu que seus objetivos estavam fora de seu alcance. Para ele, lhe faltaria capacidade. A cena é clássica, foi repetida incontáveis vezes contra grupos que sofrem preconceito.

Para ficar com uma das mais famosas, o garoto Malcolm Little estava entre os melhores alunos da sua classe quando ouviu de seu professor que deveria buscar um objetivo mais realista do que o Direito para um "preto" – a expressão usada em inglês foi "*nigger*". Talvez carpinteiro fosse uma escolha melhor, completou o professor.

Por causa do conselho, Malcolm deixou a escola, apesar de suas notas excelentes. Mais tarde, se recuperou do trauma, voltou a estudar e se transformou em um dos ativistas contra o preconceito mais importantes de todos os tempos: Malcolm X.

Com mais idade do que Malcolm tinha, e já mais determinada, Nathalia não abandonou a escola, nem se deixou abater. Talvez porque Dona Leda, a avó, deixou uma lição fundamental para todos os parentes; em especial para a neta. Sendo sem dúvida a pessoa mais positiva da família, Dona Leda. enfrentou AVC – acidente vascular cerebral –, cirurgias, câncer. A tudo dizia: "Página virada. Bola pra frente". Sempre leve, sempre em paz. Imbuída de igual estado de espírito, Nathalia ignorou o professor, seguiu nas aulas e até insistiu em ir a mais uma balada, prova de que a alegria era sua arma.

Esta última foi na Museum. Logo que passou pela porta larga, percebeu que ali era diferente. Após o olho se acostumar com a luz azul de néon, ficou evidente que o local era acessível: tinha espaço amplo, onde ninguém se esbarrava. Andou pela casa inteira. Saiu de lá satisfeita, ciente de que não tinha sido tolhida pela dificuldade de se movimentar. Mas não precisava mais ir a lugares como aquele.

Ela queria, sim, poder ir a outros lugares, onde quer que desejasse. O carrinho e o motorista haviam mostrado que, quanto mais mobilidade, melhor. E, em vez de se retrair com a rejeição da faculdade, Nathalia reagiu, querendo mais do mundo, bem disposta e dizendo "bola pra frente".

Começava ali um dos seus grandes projetos: aprender a dirigir automóvel. Seria como somar a liberdade em ambientes pequenos com o carrinho à liberdade do motorista no asfalto, que poderia ir a qualquer lugar. Conquistar a carta de habilitação seria a vitória final.

Para poder dirigir, Nathalia precisou de um carro adaptado. O primeiro fabricante especializado, um dos grandes do mercado, olhou para Nathalia e concluiu que ela não teria força na mão esquerda, única que podia usar, para dirigir. Procuraram mais um pouco e encontraram uma solução que, aparentemente, poderia funcionar. Nesse caso, significou:

- Uma bolinha.
- Um cinto de segurança a mais.
- Um acelerador em lugar diferente.

A bolinha foi colocada na direção, para facilitar o manuseio, que seria feito apenas pela mão esquerda de Nathalia. O cinto de segurança adicional foi usado para prender a perna direita e evitar o que se chama de "reação associada" – no caso específico, para evitar que, quando Nathalia fizesse força com a perna esquerda, a direita também se mexesse involuntariamente.

Por fim, também tamparam o acelerador convencional, colocando um pedal para acelerar do lado esquerdo, pé em que ela tem mais força. O carro também era automático, assim, ela não precisaria trocar marchas.

Carro adaptado, começaram as obrigatórias vinte aulas práticas de direção. Nas quatro primeiras, tudo correu razoavelmente bem. A aprendiz de motorista deixava apoiada a mão direita, que ficava o tempo todo parada. Ao final, a mão esquerda doía um pouco, mas nada complicado.

Foi na quinta aula, ali pela terceira semana, que começou o problema: a mão esquerda reclamou de verdade. Nathalia notou que estava sem força, não sentia os dedos, quase totalmente adormecidos.

Mais ou menos nessa época, foi confirmado que a queimação que sentia no estômago era gastrite. Ela ignorou o aviso e continuou com as aulas. Ao completar 19 anos, Nathalia tinha sua habilitação. Naquela semana, ganhou um cachorrinho Pug macho, que recebeu o nome de Thunder. Ela curtia levá-lo para passear, às vezes de braço dado com a mãe, às vezes com o irmão. Nathalia o levava na coleira, ele indo um pouco à frente, devagar. Dava cinco passos e olhava para trás para ver se estava tudo bem com a dona. Nathalia conduzia Thunder, que achava que conduzia Nathalia.

Já em 2010, após as vinte aulas obrigatórias, ela continuou na autoescola, porque queria se sentir mais segura ao volante. Durante a aula, sentia e ouvia o pulso estalar.

Crac.

Crac.

Craaac.

Persistia, porque queria ser livre. Se lhe negavam humanidade, ela lutava para ser como os outros. Ser advogada e dirigir um carro eram elementos da vida, e ela ansiava por essas conquistas. Mas o professor lhe dizia que ela não podia ser advogada. E a dor dizia que ela não podia dirigir.

Começou a tomar um analgésico forte, o que não costuma ser boa ideia para quem tem gastrite, tampouco para quem vai estar no controle de um automóvel. Ela costumava praticar direção no litoral, na casa da Riviera. Saíam no carro Nathalia, Leda, Dona Leda e o irmão, Guilherme. A dor no pulso era a mesma, os dedos formigavam, mas a ausência do estresse do trânsito fazia toda a diferença. Engoliu a dor e se sentiu feliz dirigindo para a família.

No sexto mês de aula, mesmo depois de obter a habilitação, continuava praticando na autoescola. Em março de 2010, quase no final de uma aula, sentiu a agulhada, mais forte do que nunca. Lancinante, sem precedente, mesmo considerando as dores que já havia sentido antes na vida. Pediu ao instrutor para segurar o volante.

A impotência feria mais do que a pontada.

Acordou do sonho de dirigir e se rendeu a continuar sendo conduzida.

Capítulo 19

O BOM E O BELO

No estágio, com Mara Gabrilli

– Isso é loucura!

Foi o que disse o pai quando soube.

Nathalia tinha uma ideia na cabeça que a levaria para a mesa de cirurgia.

Mas a história não deve se pôr adiante. Muito se passou naquele primeiro semestre de 2010, um carrossel que girou Nathalia, com a dor de dirigir e desistir do carro, a mesa de cirurgia novamente, o desafio no mercado de trabalho e a descoberta de que o mundo precisa de uma reviravolta. Quando o carrossel parou de girar, Nathalia era uma pessoa diferente, olhando o mundo e a si mesma atordoada, sem saber para onde ir.

Ficou evidente que olhar e ser olhado são elementos cruciais para compreender os dilemas das pessoas com deficiência. Mas, para o total entendimento do que ocorreu naquele ano de 2010, é preciso retroceder um pouco.

Nathalia iniciou feliz o semestre escolar, confiante por ter conquistado a monitoria da disciplina de Metodologia Jurídica. Tinha notas excelentes, fez o requerimento e foi aceita. Uma surpresa para alguns, considerando que estava na mesma faculdade em que os professores assistiram impassíveis aos ataques sofridos por Nathalia e de onde um professor sugeriu que ela saísse para procurar outra profissão. Nesse mesmo lugar, um dos mestres não se importou com a deficiência física e enxergou a capacidade intelectual e a competência necessária.

Quando as aulas recomeçaram, Nathalia passou a cumprir plantão toda sexta-feira durante os 20 minutos do horário de intervalo. Em troca, recebia 20% de desconto na mensalidade, a título de bolsa escolar, e o *status* que acompanha a função de monitora.

Raramente aparecia alguém durante o plantão. Certa vez, uma menina a abordou dentro do banheiro para pessoas com deficiência da faculdade. Quer dizer, um diálogo com Nathalia dentro do banheiro e a menina do lado de fora, encostada na porta.

–...mas você não tem as anotações da aula para me emprestar?

– Não anoto... meu braço...

– Absurdo uma monitora não ter toda a matéria anotada...

Em geral, o trabalho não era tão surreal. A maioria dos alunos tirava dúvidas por e-mail, perguntando sobre datas e formatos dos trabalhos, que costumavam abordar temas como a *Common Law* britânica ou a Constituição Federal brasileira. Fora isso, a principal tarefa era receber do professor os trabalhos dos alunos – vinham todos em um *pendrive* – e avaliar um por um. Eram cerca de 90 alunos, das três classes de calouros daquele ano. Ao final do semestre, Nathalia havia lido mais de 150 trabalhos.

Percebeu que alguns eram plágios de textos encontrados na internet, o que era comprovado em poucos segundos, bastando digitar um trecho no Google. Mas muitos trabalhos eram bons, Nathalia aprendeu bastante e fez bons amigos. Mais do que isso, sentiu-se útil, olhada pela primeira vez como alguém que cumpria uma função. Ela só não sabia que aquela experiência lhe seria útil naquele mesmo ano.

Antes disso, outro projeto passou a lhe ocupar a mente. Foi na mesma época em que decidiu que não poderia tolerar a dor de dirigir um carro. Assim, enquanto um sonho foi colocado de lado, outro surgiu. E muito mais ousado, pelo menos para a família.

No final de abril, uma amiga da faculdade apareceu com uma novidade que virou a cabeça de Nathalia. Chegou em casa animada, mas resolveu abordar a mãe com cautela.

– Mãe...

– Que foi, Nathi?

– Quero colocar silicone.

Ante a surpresa de Leda, explicou com calma.

A amiga da faculdade tinha colocado uma prótese mamária, o popular "silicone". Ela era alta e corpulenta, bem diferente de Nathalia, que olhava no espelho e se achava muito "magrinha e retinha". Agora, com o implante, a menina tinha se transformado, estava um pouco mais voluptuosa – tinha dado um *UP*, como disseram os amigos da faculdade. Várias meninas de lá estavam fazendo o mesmo, mas esta chamou a atenção de Nathalia por ser um pouco mais próxima dela.

Tinha passado a semana a se olhar no espelho e decidira que também ela poderia fazer uso ainda melhor de um *UP*.

A primeira reação de Leda foi:

– Isso é um absurdo, Nathi!

O pai, como já se disse, achou "uma loucura".

Em casa, as conversas com Leda se repetiram dia após dia. A mãe só conseguia visualizar a filha deitando mais uma vez em uma mesa de cirurgia, imagem que a havia aterrorizado durante tantos anos e continuava com sua aura maligna. Aquilo, para ela, equivalia a um filme de terror que repetia imagens da menina sendo cortada para alongar os tendões, cortada para seccionar os músculos, cortada até nos olhos, que lacrimejaram sangue. E agora uma nova cirurgia, tudo por algo que Leda considerava "pura vaidade". A conta não fechava; era muito risco, pouquíssimo ganho.

Para Nathalia, o assunto ia além da vaidade. Não era simples questão de proporções, medidas, formato. Não estava satisfeita com seu corpo todo retinho – ou quase todo, porque tinha bumbum. Ela só queria se sentir bem consigo mesma.

A busca da beleza é uma das mais antigas do ser humano. Tanto que se confunde o bom com o belo, como se fossem um valor só. Se é belo, provavelmente é bom... Ou seja, se a pessoa é bonita, provavelmente deve ter outras qualidades positivas, como educação, honestidade e inteligência. Como disse o filósofo Aristóteles, quase quatrocentos anos antes de Cristo, beleza pessoal é recomendação melhor do que qualquer carta de referência. Por mais discutível que seja, essa premissa ainda guia as atitudes da maioria das pessoas.

Não foi a primeira oposição total entre mãe e filha. Na época do vestibular, ambas tinha opiniões contrárias quanto a Nathalia ir morar sozinha em Santos. Como a menina não passou, a discussão não foi adiante. Agora, o problema estava presente e exposto na mesa de jantar.

– A cirurgia é simples, mãe...

– Não existe cirurgia simples, Nathi.

– ..., tão simples que no mesmo dia eu fico liberada.

– Li que o silicone vaza, que atrapalha o exame de mama depois, que pode dar infecção, que fica cicatriz grande, que...

– Nada disso acontece se tudo for feito direitinho, se o silicone for bom e o tamanho, bem escolhido.

Nathalia estava preparada e decidida. Ignorava o fato de que algumas pessoas se tornaram vítimas fatais desse procedimento tão simples. Diante da determinação da filha, Leda propôs uma barganha:

– Se fizer botox, pode colocar o silicone.

O botox também era um tratamento estético: deixaria o braço de Nathalia mais reto. Não era fundamental, mas não era perigoso, e Leda viu ali uma oportunidade de fazer a filha concordar em se submeter de novo ao procedimento.

Nathalia se negou.

Ao final, Leda aceitou que a filha tinha 19 anos e devia poder decidir o que queria. Liberdade é isso. Fazer o que todo mundo quer é fácil; difícil mesmo é fazer quando os outros se opõem.

Portanto, silicone nos seios.

Primeiro, a mamografia, que Nathalia chamou de "exame do frango achatado" ou "achatamento das perinhas". Feito isso, veio o Dia D, uma quarta-feira de julho de 2010. Apesar da convicção, a garota chorou antes de sair de casa. Medo da cirurgia, algo fácil de entender para qualquer um, mas muito mais palpável na família. Chegou pouco depois das 7h da manhã no local. Ao ver o pai no hospital, começou a soluçar.

Junto de Nathalia, uma ginecologista amiga da família, Marília Senra, que ficaria com ela durante a cirurgia.

– Se você ficar ao meu lado, vou me sentir mais calma e segura.

Palavras de Nathalia quando fez o pedido para ter companhia durante a intervenção cirúrgica.

Entraram.

Na hora da anestesia, mãos dadas com Marília, chorou mais uma vez.

O cirurgião, que nunca tinha realizado o procedimento em uma pessoa com deficiência, teve de fazer algumas mudanças: ela precisava abrir bem os braços, movimento ao qual não estava acostumada. Principalmente o braço direito – normalmente dobrado e colado junto ao corpo – precisava ficar afastado.

Quando terminou, Nathalia estava grogue. Abria o olho, balbuciava para Marília e apagava de novo. Acordava...

– Deixa eu ver como ficou. Deixa eu ver...

... Apagava.

Era só o sedativo falando. O cirurgião já tinha avisado que ia demorar duas semanas para ela poder ver o resultado. Enquanto Nathalia acordava e apagava, Marília mandava torpedos para Leda, assegurando que a filha estava bem.

Algumas horas depois, Nathalia acordou com vontade de ir ao banheiro. Sentiu um balanço diferente – tolof, tolof – duas bolinhas subiam e desciam. No carro, a sensação estranha permaneceu, cada lombada, uma evidência dos novos seios. Brincou que pesava 45 quilos e mais 440 mililitros – 220 de cada lado, um pouquinho mais que o silicone de Taís Araújo, bem menos que o de Danielle Winits, estrelas do cinema e da TV.

Enfim, teve de esperar duas semanas para ver o resultado. O médico foi atencioso, ligou diariamente, duas vezes ao dia. Quando finalmente chegou o momento de abrir o sutiã cirúrgico – só abrir, ainda ficaria quase um mês andando de sutiã de vovó –, foi ao médico, tirou, mas decidiu esperar para ver o resultado quando chegasse em casa. Eram 5 da tarde.

Sentou diante do espelho, Leda desabotoou o sutiã da filha. Quando Nathalia viu como tinha ficado, sua vista ficou branca; depois, o preto invadiu tudo. O desmaio quase veio, mas não. Respirou fundo, tentando controlar o choro. Toda a região do peito estava roxa e inchada, resultado do pós-operatório.

– Não acredito, não acredito. Tudo isso para ficar horroroso!

Durante alguns dias, Nathalia precisaria de um pouco mais de ajuda para fazer algumas coisas. Até então, normalmente pedia à assistente que a ajudasse a tirar a roupa para tomar banho e, a seguir, cuidava de se lavar sozinha. Por alguns dias bem incômodos, não pôde levantar o braço acima do ombro e Leda teve de ajudá-la a lavar o cabelo.

Duas semanas depois de abrir o sutiã, o roxo havia desaparecido e ela pôde tirar os pontos, cinco de cada lado. Quando o médico tirou o primeiro, pegou-a de surpresa, ela quase não notou. Mas cada um dos outros nove foi seguido por sonoros

– Aaaaaaaiiii!

Por fim, o inchaço passou e ela começou a colher os frutos. As semanas seguintes foram de nudez parcial, não pública, mas individual. Nunca tirou tanto a roupa, todo mundo queria ver e, uma por uma, as amigas de Nathalia fizeram fila. Um mês depois, a romaria continuava. Foi se encontrar no *shopping* com a amiga de infância, Juliana, que também tinha colocado uma prótese semelhante. Foram ao banheiro de cadeirantes para se desarmar do horroroso "sutiã de vovó" que ainda usavam – Juliana havia feito a cirurgia uma semana antes de Nathalia. Examinaram-se mutuamente, gargalhando, com riso ainda adolescente.

Outra mudança acontecia. Não exteriormente, mas dentro de Nathalia. Uma revolução, um frio bom no estômago. Todos os dias, ela olhava no espelho e repetia para si, às vezes até em voz alta:

– Eu sou gostosa!

E era.

Alguém chegou até a sugerir que Nathalia poderia ser clicada por um fotógrafo famoso de uma revista nacional para jovens. Alguém conhecia alguém da produção da revista. Era fácil ligar para o profissional e sugerir. Nathalia se assustou, disse não, não gostava de fotos. Era o frio de agosto, usava bota preta e um casaco pesado, também preto. Sentiu um calafrio, a ideia a pegou de surpresa.

Jamais havia gostado de tirar fotos. Era muita coisa para se preocupar: o olho, a mão, a postura, o sorriso. Fugia.

Naquele dia, o calafrio também pode ter acontecido porque Nathalia estava em novo ambiente. Estava em curso uma mudança ainda mais poderosa que a dos seios turbinados.

Três semanas antes da cirurgia de implante do silicone, sua vida e sua rotina foram transformadas, assim como seu jeito de ver o mundo. E, em consequência, o modo como ela enxergava a si mesma.

Esta segunda revolução começou com o Tio Ricardo, que notou: Nathalia estava mudando. A sintonia entre tio e sobrinha sempre havia sido forte; eram ambos sonhadores e gostavam de deixar a imaginação voar, enquanto mentalmente desenhavam um mundo melhor, mais justo.

Um dia, ambos conversavam em uma lanchonete perto da faculdade dela quando perceberam que não havia acessibilidade para Nathalia ir ao banheiro. Também por causa das necessidades do filho, Ricardo havia desenvolvido uma forte paixão pelo tema e pensou em partir para uma reclamação ostensiva com o dono do estabelecimento. Nathalia o interrompeu e disse baixinho:

– Deixa que eu resolvo, tio.

Levantou e foi falar sozinha com o homem. Sutil, falou baixo, pausadamente, foi elegante e delicada. Em poucos segundos, o dono sorria para ela e balançava a cabeça em sinal de concordância.

Ricardo não disse nada, mas chegou à conclusão de que Nathalia estava em nova fase. E uma ideia começou a brotar em sua mente: Nathalia bem que poderia se aventurar no mundo real do trabalho.

Nessa área, o panorama já havia melhorado bastante para as pessoas com deficiência. Em 2000, eram apenas oitenta os indivíduos nessa situação empregados em todo o Estado de São Paulo. E isso a despeito da lei de cotas, que existia desde de 1991. Em grande parte, tratava-se de comodismo, medo do diferente. A partir de 1999, a fiscalização começara a funcionar de verdade, e as empresas passaram a colocar as cotas em prática.

Apesar da melhora, o quadro era – como ainda é – dramático. A maioria das empresas jamais contrataria uma pessoa com deficiência. Este ainda é um mundo onde pessoas fora do padrão de beleza, acima do peso, negros, *gays* e até aqueles com sotaque diferente são discriminados, simplesmente descartados quando aparecem como candidatos a um emprego. Nessa fila, a pessoa com deficiência fica em último lugar.

Nathalia poderia ter furado a fila e ido trabalhar na empresa do tio, a Asyst. Seria simples, rápido, em ambiente protegido e com todos os privilégios. Nenhum dos dois precisou pensar muito para rejeitar a ideia.

Não.

Nathalia queria fazer sua própria história. Tinha sentido um gostinho no trabalho de monitoria ao exercer uma função relacionada com algo de que gostava, uma área na qual poderia crescer e fazer algo com significado.

Ricardo ponderou:

– Faça o que gosta.

Então, a vida deu um empurrão. Cinco vezes Ricardo havia esbarrado em Mara Gabrilli, a vereadora paulistana tetraplégica que tinha maravilhado Nathalia e o próprio Ricardo alguns anos antes, naquela palestra. Do alto do palco e de sua cadeira de rodas, Mara conquistara o público e, por tabela, a família Blagevitch.

Depois da palestra, os encontros foram fortuitos, ao sabor do acaso. Algumas vezes em eventos, no restaurante, até em um velório. Só que Ricardo não acredita em coincidências. Na quinta vez que a encontrou, teve certeza de que algo deveria nascer daquele acaso insistente.

Quando o último encontro fortuito com Mara acabou, Ricardo não tinha mais dúvidas. Alguns dias depois, Nathalia e Mara se encontraram para jantar e conversar.

A estudante sabia que sua mobilidade reduzida restringia as possibilidades. Em geral, pessoas com deficiência conseguem trabalho em lugares com política de cotas, aquelas que, por força da lei, têm as portas abertas – e largas. E, mesmo sem considerar a deficiência, emprego nunca é fácil de arrumar, apesar da ajuda de uma vereadora. Nathalia também estava no começo da faculdade, o que significava dizer que seu valor como profissional ainda era quase nulo.

O objetivo do jantar era sondar Mara sobre as possibilidades para Nathalia no futuro. Não que ela tivesse muitas esperanças, mas estava empolgada de poder conversar mais uma vez com a vereadora. Secretamente, sonhava um dia trabalhar com ela. Mas era apenas sonho. Até porque, naquele momento, as vagas de estágio no escritório de Mara Gabrilli – que tinham remuneração – já estavam ocupadas.

Também presentes no jantar estavam Leda, uma assistente que acompanha Mara em todos os lugares e sua assessora jurídica, Telma. Apresentaram-se rapidamente, quase todos já se conheciam, tendo se encontrado em outras ocasiões. Nathalia e Ricardo haviam encontrado

Mara outra vez, durante manifestação em defesa dos direitos das pessoas com deficiência, na Avenida Paulista, o que chamam de "Cadeiraço".

O restaurante era acessível e Mara deslizou rapidamente em sua cadeira de rodas, empurrada pela assistente pessoal.

Leda disparou, no automático:

– E aí, Mara, correndo muito?

A vereadora respondeu com naturalidade. Leda não percebeu a gafe. Ricardo e Nathalia evitaram trocar olhares, fingiram que nada havia acontecido e tocaram a conversa adiante. Só na volta para casa é que debochariam muito de Leda.

Durante o jantar, Ricardo conheceu uma nova Nathalia. Talvez fosse a postura, uma confiança que crescia naquelas semanas antes da cirurgia da prótese. Talvez fosse simplesmente a oportunidade e a experiência de estar ali conversando com alguém como Mara Gabrilli.

Deu opiniões claras, foi desenvolta.

Ricardo encostou na cadeira, apenas observando. As acompanhantes de Mara também não falavam muito, como se soubessem que ali estava sendo feita uma avaliação. Nathalia deixou claro o desejo que tinha de estar junto de Mara, pouco importava se iria ganhar dinheiro ou não.

O papo fluiu só entre as duas durante algum tempo.

Lá pelo meio do jantar, Mara perguntou:

– Trabalha comigo?

– Opa, claro.

...

Mas quando? Era uma quarta-feira no meio do mês, talvez Mara quisesse que ela começasse no mês seguinte.

– Ahnnn, Mara... Quando começo?

– Amanhã.

Aconteceu assim, de um dia para o outro. Antes, uma universitária com deficiência física que nunca podia sair de casa desacompanhada. Que precisava de ajuda para tirar a roupa e cujos pais temiam por seu futuro. Tremiam à ideia de que ela ficasse desamparada quando eles já não estivessem perto.

Então, passou a ser uma adulta com um trabalho a desempenhar. Não haveria remuneração em um primeiro momento, seria voluntária, mas era um trabalho. E na ideia de trabalho estavam embutidas todas as possibilidades de liberdade, de ser capaz de pagar suas próprias contas, de conduzir sua própria vida.

Se fosse só isso, já seria muito. Mas era mais. Estar com Mara Gabrilli tornava toda a experiência um sonho. As duas eram bem diferentes.

Nathalia, nascida com paralisia cerebral, sempre fora feliz e só depois aprendeu com a sociedade que ter deficiência pode ser um problema – por isso mesmo, faz muito sentido quando dizem que a deficiência está na sociedade, e não na pessoa. Mara, ao contrário, ficara tetraplégica em decorrência de um acidente de automóvel quando tinha 26 anos. Muita gente só pensa nela como alguém a partir desse dia, mas a vida de Mara começou antes que o auto rolasse no barranco e ela torcesse o pescoço.

Mara sabia, por experiência, o que significa não ser tetraplégica. Sabia o que era poder levantar da cama à noite em caso de insônia. Sabia o que era assinar um documento sem ter de ouvir de um funcionário de cartório "sem noção" que ela não podia fazer isso com a boca – Mara, como muitas pessoas, assina com a boca e faz isso muito bem.

Antes de ser tetraplégica, achava que isso era a morte. Aprendeu que não, que podia ser feliz. E fez mais que isso. Em vez de ficar parada em casa, foi à luta. Montou uma organização não governamental (ONG), conseguiu apoio para pesquisa científica, reuniu atletas com deficiência, estava em todos os cantos, até perceber como a legislação brasileira atrasada atrapalhava a vida daqueles que têm deficiência. Conseguiu se eleger vereadora suplente em São Paulo, mas acabou assumindo um cargo inédito na prefeitura. Um cargo com nome comprido, mas que dizia muita coisa: Secretária Municipal da Pessoa com Deficiência e Mobilidade Reduzida.

Foi então eleita vereadora titular, quando pôde propor melhorias em calçadas, uma central de atendimento para surdos, o censo de inclusão e os núcleos com profissionais capacitados a atender pessoas com deficiência. Fez a administração pública olhar para as necessidades e os interesses desses cidadãos.

Nathalia foi testemunha do sorriso de Mara diante da vida; soube de toda essa história e pensou para si: "Ela é o que eu quero ser quando crescer".

No primeiro dia de trabalho, chegou à Câmara dos Vereadores com o estômago queimando. Telma, que estava no jantar no dia anterior, explicou as tarefas a Nathalia: acompanhar o andamento de projetos, pedir vistas dos outros vereadores, fazer muita pesquisa e telefonar muito. Até o braço doer.

Recebeu as primeiras rejeições.

– Telma, está aqui a justificativa do projeto.

– Curto demais, Nathi. Cinco linhas... não dá. Vai lá, pesquisa mais.

Duas características eram marcantes na nova colaboradora do grupo de Mara Gabrilli. Ela ficava aflita quando tinha dúvidas sobre seu desempenho, angústia igual à de quando estudava pouco na escola. Sentia-se eternamente avaliada, medida. Por outro lado, nunca reclamava, nunca era negativa e acreditava que tudo daria certo no final.

O embate interior entre o otimismo e a cobrança cada vez mais moldava a personalidade de Nathalia. Compreendeu bem o que Mara dizia sobre "oscilar entre a sensação de Mulher Maravilha e a apreensão de não concretizar". A simples existência e o exemplo de Mara lhe serviram de inspiração. Se Mara podia, talvez Nathalia também pudesse.

Nem só de trabalho braçal foi o estágio. Logo no primeiro mês, quando pensava se contava ou não para os colegas sobre a prótese que tinha acabado de colocar, participou de reuniões bem complicadas. Todo o gabinete da vereadora se reunia para comparar o Estatuto da Pessoa com Deficiência com a Convenção da ONU sobre os Direitos da Pessoa com Deficiência. O primeiro era brasileiro, o segundo, internacional.

Nathalia achou tudo muito vago. No papel, os documentos arrolavam muitos direitos, mas ofereciam pouca ou nenhuma garantia concreta para quem tem dificuldades cotidianas, como andar na rua em calçadas em mau estado ou conseguir um emprego mesmo quando tem capacidade. Afinal, apesar de haver uma legislação específica como a das cotas para garantir emprego, a situação das pessoas só mudou mesmo quando a fiscalização apertou.

As reuniões de comparação entre os dois documentos se repetiriam quase todas as semanas durante três meses. O objetivo era preparar o grupo para outro nível de atuação. Mara Gabrilli estava em campanha para deputada federal, e a eleição seria dali a menos de quatro meses, em outubro de 2010.

Apaixonada pelo que Mara simbolizava, Nathalia aderiu à campanha, saiu em passeata em prol da causa, até distribuiu "santinhos" na rua. No dia da eleição, votou pela primeira vez com total devoção: tinha conseguido o título com 17 anos, em um cartório totalmente inacessível, cheio de degraus, mas agora votava.

Sorria na campanha e se transformava por dentro.

O trabalho de Mara era lutar por um mundo melhor para quem tem deficiência. Um mundo acessível, igualitário, sem preconceito. Ao se preparar para essa luta, Nathalia foi obrigada a examinar com lupa um mundo inacessível, desigual, onde o preconceito predominava. Ela vivenciava isso desde seu nascimento, mas a proteção da família de boa situação econômica havia suavizado, até mascarado, as diferenças.

Ela mesma, por iniciativa própria, tinha conseguido pequenas vitórias, como melhorar os acessos para pessoas com deficiência na faculdade. Ela reclamou e uma rampa foi instalada. Mas isso é coisa muito mais fácil do que consertar o preconceito das pessoas.

Um dia, foi visitar uma associação parceira da ONG de Mara.

No local, encontrou cerca de quarenta pessoas com deficiência. Algumas não podiam andar, outras quase não conseguiam se mexer; havia ainda as que não podiam falar. Nathalia nunca tinha visto tantas pessoas com deficiência em um mesmo lugar. Veio-lhe à consciência a população encerrada em suas casas.

São 46 milhões de indivíduos, 25% da população brasileira.

Eles não estão na rua.

Eles não estão no *shopping*.

Estão dentro de casa, seja porque não têm quem os acompanhe, ao contrário de Nathalia, seja porque não têm um triciclo motorizado como o dela, seja simplesmente porque têm vergonha ou falta de coragem de encarar o preconceito. E se sentem assim porque lhes deram a entender que sua aparência ou dificuldade para falar, ouvir, enxergar, entender ou se locomover os faz menos humanos.

Nathalia sentiu vergonha, por eles e – perceberia depois – por ela mesma.

Quem faz a pessoa com deficiência se sentir assim, como já foi dito, é a sociedade – nessa situação, um monstro coletivo e impessoal. Afinal, quem nasce com uma deficiência, como Nathalia, nem sabe por qual razão deveria ter vergonha. Mas as pessoas olham torto, viram a cara, demonstram desconforto ou, simplesmente, são rudes.

Um dia, no segundo Cadeiraço na Avenida Paulista, uma repórter chegou perto de Nathalia, virou para o Tio Ricardo, que estava junto, e perguntou:

– Qual o problema dela?

Que problema?

Nathalia nasceu com menos mobilidade do que a maioria das pessoas e não consegue usar o braço direito. E daí? A maioria das pessoas nasceu com menos mobilidade do que qualquer corredor olímpico e ninguém acorda todo os dias chorando por causa disso. E o atleta olímpico também não acorda chorando porque não pode voar.

Nathalia é feliz. Só fica menos feliz quando alguém lhe pergunta na rua:

– Qual é o seu problema?

Ricardo respondeu:

– O problema é a sua ignorância.

Um pouco mais tarde, achou que tinha se excedido.

Logo depois, Nathalia resolveu mudar de ideia quanto a tirar fotos.

Uma revista especializada nos diversos temas ligados às pessoas com deficiência pediu-lhe uma entrevista. Era para uma matéria sobre cidadãos que conseguem se encaixar no mercado de trabalho. Nathalia deu a entrevista e ficou brava porque não citaram Mara na matéria

– Caramba! Falaram os empregadores de todo mundo!

No final, foi escolhida para a imagem de capa da edição.

Lá estava ela, maquiada, em pé, fazendo pose e sorrindo.

Pensou: "A sociedade pode tentar esconder as pessoas com deficiência, mas eu não tenho do que me esconder".

Disse o jurista americano Jacobus tenBroek, fundador e animador da Federação dos Cegos dos Estados Unidos: "O mundo em que eles [os cegos] têm o direito de viver é o das ruas, avenidas, escolas, universidades, fábricas, lojas, escritórios, prédios e serviços públicos, enfim, todos os lugares onde as pessoas estão, vão, vivem, trabalham e se divertem".

Nathalia, rosto bonito, sorriso cativante e dona de um *UP*, aproveitou e pôs a cara para bater.

A foto foi um ato positivo, mas acabou sendo o início de uma longa reflexão. Nathalia estava extremamente consciente do olhar que recebia da sociedade, principalmente depois do tratamento que tinha recebido na faculdade. Tinha clareza de que essa sociedade se orienta pela ideia básica de que o belo é bom; de que, preocupadas com seus padrões de beleza e proporção, as pessoas enxergam automaticamente como menos humanas aquelas que têm deficiência. Não merecem ser contratadas, beijadas ou mesmo amadas.

Mas há uma grande mentira nisso. Primeiro, porque ninguém sabe de verdade o que é a beleza. É só lembrar quanto é comum achar alguém belo depois de algum tempo de relacionamento amoroso. A beleza se impõe.

A ideia é tão velha que já tinha virado máxima em latim, no tempo da Roma Antiga: *de gustibus non disputandum*. O popular "gosto não se discute".

Se ninguém sabe o que é, então, é perda de tempo ficar afirmando que isso é bonito e aquilo é feio. Não se trata de beleza interior. Trata-se de ir além dos velhos conceitos de simetria, que orientam a humanidade desde as estátuas perfeitas dos gregos antigos. O que está fora do padrão é considerado imperfeito, mas a verdade é que perfeição não existe. O corpo deve ser visto como único. Ao se reconhecer aquela forma como única, percebe-se a beleza.

O trabalho com Mara fez Nathalia entender melhor o que significava fazer parte da humanidade, com direitos e deveres. Só que, ao ver com clareza o preconceito dos outros, enfrentou seu medo de se expor e percebeu o preconceito que também ela carregava.

Nathalia nasceu sem um problema de verdade e tinha plena capacidade para ser feliz. Agora, sentia como se tivesse mesmo algo de errado.

Capítulo 20
ALMA AO SOL

Na praia

N

– Chegaram os *cupcakes*!

Não havia ninguém no escritório que não tivesse ouvido falar daqueles prometidos *cupcakes*. Passava das cinco da tarde de uma quarta-feira no gabinete da vereadora Mara Gabrilli e o ritmo se desacelerava naquele final de 2010. Nathalia completava 20 anos e os *cupcakes* faziam as vezes de bolo de aniversário. Antes, tinha almoçado com o pai. De noite, o restante da família se reuniria para uma segunda festa.

As comemorações traduziam tudo o que Nathalia queria da vida naquele momento: família e trabalho. Bem diferente dos últimos anos, quando se havia cercado de dezenas de amigos.

Ela olhava para dentro. No fundo, não sabia o que pensar sobre o que acontecia ao redor dela, sobre as coisas que era obrigada a ouvir. Ela procurava algum tipo de força e, aparentemente, essa força teria de vir de dentro dela.

Algumas semanas antes, Mara havia comentado com Nathalia que uma terapia podia ser útil para aprofundar aquele processo. Em tese, devia gostar da ideia, pois um dia quisera ser psicóloga. Só que, como a maioria das pessoas, Nathalia relutava em acreditar que uma terapia poderia ajudar. Ao mesmo tempo, continuava intrigada com a transformação que a família havia passado após fazer os cursos comportamentais com Tadashi Kadomoto. Lembrou do tio mais leve, do pai mais assertivo, da mãe que decidiu se separar. Talvez esta fosse a solução.

Ainda estava intrigada com todas aquelas mutações. Como alguns dias de curso podiam afetar tanto a vida de alguém? Talvez não tivesse sido o curso, talvez as pessoas apenas precisassem de um tempo para refletir sobre si mesmas ou até de um bom empurrão. Nathalia precisava descobrir por si mesma.

Além do comportamento dos outros, Nathalia queria entender o dela mesma. Um presente de aniversário iria ajudá-la nesse processo. Por isso, pediu ao Tio Ricardo que queria ganhar o tal curso, cujo título é *Leader Training*. O pedido foi feito por telefone. Ricardo desligou e minutos depois ligava de volta.

– Está feito. Você faz o curso em dezembro.

Nathalia tinha passagem comprada para uma viagem para dentro de si mesma. Iria em busca de sua identidade, do mergulho em sua jornada pessoal – de onde vinha e para onde ia. Não queria passar pela vida sem saber quem era.

Nos dias seguintes, a ansiedade cresceu.

A proposta era em tudo diferente. Para começar, Nathalia tinha de ser levada por alguém que já tivesse feito o curso antes, o que não era difícil no caso dela. O Tio Ri, que lhe dera o presente, a levou até Louveira, a pouco mais de 70 quilômetros da capital, local dos cursos comportamentais. Os pais dela também foram.

Lugar bonito, com chalés, gramado e muitas flores. Cerca de cem pessoas participavam. À entrada de Tadashi, todos se levantaram, batendo palmas, em aprovação à simples presença dele. O que acontece dali em diante ninguém comenta, porque há compromisso de sigilo. Quem fez não comenta, de modo a preservar a surpresa para quem não fez. Mas não importa, porque nosso foco aqui é a transformação ocorrida com Nathalia. A viagem é interna, não externa.

Tadashi é um descendente de japoneses na faixa dos 50 anos; anda sempre ereto, move-se devagar e ostenta um sorriso constante e discreto. Durante o curso, transforma-se. Mais não se pode relatar. O que é possível dizer sobre a experiência é que, durante os três dias de duração, o participante é levado ao extremo, à exaustão, tanto física quanto psicológica. O objetivo de Tadashi é tirar quem participa do que ele chama de "zona de conforto". Alguns reclamam muito, fazem críticas ferozes, mas a maioria sai recomendando.

Para Nathalia, o melhor de tudo foi não ser diferente. Tadashi só a tratou de forma distinta quando a apresentou ao grupo, mostrando a capa da revista em que ela havia saído e dizendo que ela era a primeira pessoa com paralisia cerebral a fazer o curso. E que não haveria discriminação ali, que ela deveria ser tratada como qualquer outro. A partir daí, não falou mais com Nathalia do que falou com os outros. Assim, ela ficou em pé como todo mundo, correu como todo mundo, foi levada ao limite como todo mundo.

Tadashi tinha com ele uma equipe de quinze pessoas que a seguravam se necessário, mas para os quais ela era apenas mais uma. Ou seja, igual a todos. Nem mais, nem menos. Foi a glória. Encontrou o privilégio de ser mais uma. Era assim que a sociedade – o mundo – a deveria ver. Foi a primeira impressão, sentiu-se acolhida.

Durante os três dias, Nathalia pensou na vida. Descobriu feridas que não sabia que tinha, feridas psicológicas. Como uma provocada por um tombo – do qual não se lembrava – quando a mãe tentou fazê-la andar, aos 4 anos. Foi descobrindo uma raiva, uma angústia sem motivo novo, porque o motivo era velho. De não conduzir a própria vida, de precisar pedir para ir ao banheiro, raiva até do tio por tê-la colocado ali, ter pago para ela sofrer sob a pressão de estranhos. Tadashi pressionava, Nathalia xingava de volta.

Ria muito, o riso constante que sempre tinha quando ficava nervosa, como se tivesse levado um susto. Depois de muito tempo, o olho voltou a tremer.

A raiva foi extravasada, mas não toda. Ainda saiu de lá mal consigo mesma. De volta a São Paulo, sentia culpa de tudo, do quanto consumia a energia de sua mãe, até da separação dos pais. Coisas que nunca tinham passado pela sua cabeça.

Na segunda-feira, estava enjoada, tinha dormido mal. Não foi trabalhar, não queria falar com ninguém. Chorava à-toa, ainda sem saber a razão.

De olhos fechados, lembrava:

– Quer ser juíza? Nunca! Vai procurar outra coisa!

A cabeça doía, o mundo girava, rostos cruéis que a prendiam no banheiro da faculdade, que a olhavam no *shopping*, que ora se afastavam, ora se aproximavam com pena, oferecendo uma compaixão que ela estava longe de querer ou precisar.

Rostos a dizer que ela não podia seguir a carreira que queria – o mesmo que haviam dito para uma colega de classe que era disléxica. Rostos de gente que se embebedava nas festas, gritando com manobristas na porta das baladas e chutando os pneus dos carros. Rostos disformes.

A cabeça girava. As frases se sucediam.

– Qual o problema dela?

Gira, Nathalia.

– Você é feliz?

Gira, Nathalia.

– Você não saiu da primeira série? Veja se pode uma universitária escrever com uma letra dessa, nunca fez caligrafia, não? Hein?

Gira, Nathalia.

– Não, garota, você não pode ter filhos.

NUNCA.

Vai.

Ter.

Filhos.

...

Tum, Tum.

Nathalia foi colocada em um liquidificador. Cabia só a ela catar os pedaços e colar.

...

Iria deixar a vida ou a deficiência conduzi-la? Ou iria conduzir a própria vida? Nathalia não queria mais aquilo tudo, ser conduzida pelos outros, nem mesmo pela mãe.

Dias depois, confirmou que iria para Brasília com Telma para a posse de Mara Gabrilli como deputada federal. O ano de 2010 acabava, começava 2011. Seria um ano de descompressão. De colar os caquinhos.

A viagem – como ocorrera no curso com Tadashi – deu mais um pequeno empurrão naquela descompressão. Foi no comecinho de fevereiro, sem a mãe, acompanhada de Telma e Claudia, a chefe de gabinete de Mara. De manhã, reclamava de acordar e dizia que não ia lavar o cabelo – porque queria dormir mais. Dizia que ia fazer rabo de cavalo, doce sensação de viajar e ser livre, sem a família que a amava e a conduzia.

Além da liberdade, conheceu o sentimento de achar que se pode mudar o mundo. E não só como a jovem adulta que era. Com seu carrinho, subiu a rampa do Planalto, sentindo a arquitetura ampla, o horizonte ao longe. Havia a sensação de poder, de estar perto de onde se tomam as decisões. Aquele era o lugar onde lutar contra o preconceito, lutar para diminuir as desigualdades, para tornar o Brasil um pouco melhor para as pessoas com deficiência. Nathalia esperava uma cidade podre e encontrou a cidade do poder.

Curtiu bem aqueles poucos dias, conversando com Claudia e Telma até meia-noite e indo dormir à uma da manhã. E dormindo com a maquiagem e acordando borrada, o que lhe valeu dali em diante o apelido de Pandinha.

Aos poucos, os cacos de alma compunham um quadro ligeiramente diferente. Um quadro que se desenhava entre a pessoa que queria estar com os amigos e ser feliz e a pessoa que queria mudar a maneira como as coisas são. A partir dessas duas forças, Nathalia ficou menos desapontada com a vida.

Um aspecto exterior dessa mudança foi o rosa. Nathalia sempre gostou de coisas cor-de-rosa. Nessa época, tudo ficou mais rosa, como se a vida pudesse ser assim também. Não foi uma escolha consciente, apenas uma predileção colocada em prática.

A capinha do iPad, a *nécessaire*, a carteira, o suéter preferido, o vidro do perfume, duas toalhas de banho, vários apetrechos da escrivaninha, porta-retratos, porta-treco e lapiseira, uma infinidade de itens agora eram cor-de-rosa. Mesmo as unhas, que tomou gosto por pintar de inúmeras cores desde a adolescência, ficavam rosa mais constantemente do que antes. Até a parede do quarto ficou rosa.

Na volta de Brasília, teve o terceiro confronto com a mãe. Confronto talvez seja uma palavra pesada, pois, no caso, só significa que as duas discordavam absolutamente sobre um assunto. A primeira vez foi quando Nathalia quis fazer faculdade em Santos. Como não passou no vestibular, o embate foi abandonado, marque aí um empate. A segunda ocorreu quando ela quis colocar a prótese nos seios. A disputa foi ferrenha, mas o corpo era dela e Nathalia levou.

Dessa vez, cogitou a possibilidade de morar em Brasília para poder continuar a trabalhar com Mara. Essa ela perdeu. Ficaria em São Paulo, talvez a primeira ruptura importante da Nathalia adulta.

Um dia, no meio da aula da faculdade, sentiu uma pontada forte nas costas, enjoo e uma intensa vontade de ir ao banheiro. Levantou, foi impedida de andar pela dor e viu tudo preto, aí branco, depois borrado. Apagou, mas as pessoas em volta nem perceberam. Quem virou o rosto nessa hora achou que ela cochilava. Durou menos de um minuto. Chamou a amiga do lado, explicou e aí a tiraram da sala. O bedel no corredor pediu ajuda e Nathalia foi levada ao hospital próximo da faculdade. Esperou estar a caminho, já na ambulância, para telefonar à mãe. No hospital, um urologista descobriu que ela tinha uma pedra grande nos rins. Fez a cirurgia naquele mesmo dia.

Feminina, rosada e mais uma vez cortada, Nathalia não se tornou frágil. Ao contrário. Durante boa parte da adolescência, ela foi sendo comprimida, absorvendo inconscientemente a ideia de que valia menos do que os outros. Por isso, sentia vergonha. Mas, pouco a pouco, caco a caco, Nathalia foi se sentindo diferente, como se tivesse crescido alguns centímetros, como se a alma inflasse com um calorzinho bom, como se fosse mais gente. Foi tomada por aquele sentimento da juventude de que se pode tudo, nada está fora do seu alcance. Inclusive rupturas.

Por um tempo, chegou a receber salário de estágio no trabalho com Mara, mas aquela ajuda de custo tinha acabado e ela estava novamente sem remuneração. Também sentiu que queria ficar focada onde pudesse aprender mais. Com o jurídico de Mara indo para Brasília trabalhar no Congresso, restavam poucas oportunidades. Nathalia achou melhor se dedicar à faculdade.

Enfim, chamou Telma no corredor e disse que tinha de sair.

A perda foi compensada com novos amigos que seriam fundamentais para que a colagem de cacos em andamento produzisse um edifício sólido. Parte da cola fundamental que é necessária nesses casos é a amizade.

Os novos amigos eram aqueles que Nathalia conheceu graças ao curso comportamental. É comum entre os que fazem o retorno a Louveira no início ou no encerramento de cada turma. Como quem vai para a balada, eles pegavam a estrada às quintas-feiras, quando começam os cursos, ou às vezes aos sábados, quando terminam. Nesses inícios e términos, centenas de pessoas se reúnem para apoiar quem vai começar a jornada interior.

Um dos colegas de curso foi Fábio, que Nathalia sempre chamava de Binho. Com mais de 40 anos e idade para ser pai dela, sentiu imediata identificação e quis travar amizade. Algum tempo depois do curso, ligou para Nathalia, dizendo que ele estava indo com a esposa, Adriana, para o encontro em Louveira. Perguntou se ela gostaria de ir com eles. Nathalia deu uma desculpa qualquer e recusou.

Binho ligou mais uma, duas, três, quatro vezes. Na quinta vez, perdeu a paciência:

– Escuta, quando vai parar de me enganar e de se enganar?

Desligaram o telefone. Nathalia estava ao celular, no carro, com Leda e o irmão, Guilherme. Ficou em silêncio, pensando o porquê da recusa, a razão de se manter dentro de uma redoma, tentando se proteger não sabia bem do quê. Em parte, também sentia que a mãe resistia um pouco ao fato de a filha sair com gente que ela não conhecia bem.

Explicou a situação para Leda, que deu meia-volta e rumou para a casa de Binho, no outro lado da cidade. Leda o conheceu e achou que dava para confiar a filha a ele.

A partir daí, passaram a ir constantemente para Louveira como mais um passo para Nathalia sair de sua redoma de vidro. No carro, Nathalia, Binho e Adriana, que ela só chamava de Dri – ou então de Swarovski, quando a outra a chamava de Tiffany. A viagem era uma desculpa para conversar, papos em que abordavam de tudo, relacionamento, vida íntima, e, às vezes, vida profissional – nessa ocasião, Nathalia ficou sabendo que Binho era advogado e a identificação entre eles aumentou mais um pouco. Tanto Binho quanto Dri viam Nathalia como uma amiga com quem tudo podiam falar, não havia nada que não pudesse ser dito. Chegando a Louveira, encontravam quase trezentas pessoas, quantidade que normalmente está presente no começo e no final de cada curso.

Nathalia tentava colar os cacos e alguns caíam e quebravam de novo. Então, uma nova martelada abalou o equilíbrio delicado de sua colagem. Um dia, na faculdade, seguia com uma amiga pelo corredor quando viu o garoto que a evitava quando perto das meninas terríveis. E naquele momento elas estavam lá.

Dessa vez, ele se aproximou e puxou papo com Nathalia. Um das meninas disse bem alto, para que mesmo de longe ela pudesse ouvir:

– E aí, você é amigo dessa deficiente?

Ao mesmo tempo, deixou o cabelo cair de lado e torceu a mão junto ao corpo, procurando fazer uma caricatura de Nathalia.

Ela chegou em casa destruída, quase sem lágrimas para verter.

Ligou para Binho contando tudo. Ele devolveu:

– Alguém tem o poder de te destruir?

Era uma frase de Tadashi.

Foi um período de idas e vindas, altos e baixos. A colagem que Nathalia estava montando na cabeça era mais ou menos a seguinte: "Posso não apontar lápis sozinha, mas sei fazer palestra ou outra coisa. Posso não conseguir usar salto, mas uso bolsa bonita. Meus defeitos precisam ter menos peso; minhas virtudes têm de ter mais peso."

Lutava para não ter vergonha. De pedir para ir ao banheiro, de entrar em lugar público de triciclo, de ser alvo da atenção de curiosos.

Em um dos encontros, foram almoçar e disse rindo para Binho:

– Ô, Binho, sei que você é vegetariano, então, não vou te pedir para cortar minha carne, OK?

Virou para outra amiga do grupo, que estava ao lado, e disse, enquanto dava uma piscada de olho para Dri:

– E aí, tem jeito de me ajudar?

Saía desses encontros mexida, balançada e empolgada com a energia dos novos amigos. Pensava, quase obsessivamente: "Quem controla sua vida? Quais são suas vergonhas?".

Mudada, rosada, mais "alta", as ilusões da juventude finalmente dominavam Nathalia, ilusões do jovem com certeza de que pode fazer tudo na vida. Sentia como se sua alma agora estivesse ao sol, um calor agradável solidificando a colagem. Era um período tão importante quanto seus primeiros passos na praia, quanto as primeiras baladas, quanto a primeira vez que vestiu um biquíni depois da prótese.

Uma das pessoas que começaram a notar alguma diferença foi Juliana. Antes, ficava triste por perceber que a amiga andava chateada, quieta, serviu de ombro quando ela chorava – situação inversa à da adolescência, quando era Nathalia quem dava conselhos. Outras vezes, simplesmente silenciava sobre o que acontecia na escola ou na faculdade.

Agora, as duas amigas marcavam almoços sozinhas no *shopping* – eram adultas, claro – e Juliana percebia, agradavelmente surpresa, como Nathalia se conduzia com firmeza entre as pessoas. Não havia perdido a alegria, sorria sempre, mas sem o riso nervoso dos momentos dramáticos. Sorria como se estivesse confiante do que a vida reservava para si.

Um dia, Nathalia esperava o elevador do *shopping* quando este abriu cheio de gente. Não havia espaço para ninguém, muito menos para ela com seu triciclo. Ninguém se mexia, a multidão apertada no elevador olhava muda para as amigas na frente do elevador.

Nathalia, sentada no triciclo motorizado cedido pelo local, dominou a surpresa e disse:

– Tem algum deficiente aí dentro?

Não riu. O olho não tremeu. Do lado dela, Juliana sorria, acompanhando a amiga no queixo erguido.

Na festa de 21 anos, cercou-se de gente de novo. Queria ver amigos ao seu lado. Na maioria, eram pessoas que tinha conhecido no Tadashi. Mas também estavam lá o pai e as amigas Mariana, Juliana, Júlia e Carla, as mais antigas companheiras de infância. Nunca se viu uma festa como aquela, polvilhada com confete que saía de incontáveis garrafinhas compradas por Leda nos Estados Unidos. Festa preenchida pelo barulho de uma buzina usada pelo irmão, Gui, do parabéns divertido liderado pelo povo do curso.

Nathalia estava certa de que tinha virado mulher. Agora, ia mostrar ao mundo quem era e o que podia fazer. Durante a festa, fez questão de contar a todos uma façanha que estava preparando. Suas pequenas vitórias anteriores, ir para Brasília ou para Porto Seguro, ficariam pálidas diante do que pretendia fazer.

Como parte do grande plano, marcou nova consulta com uma ginecologista, Daniela Vidal Massa, que havia conhecido durante as quintas-feiras em Louveira. Disse para Leda:

– Mãe, achei uma médica no Tadashi e vou sozinha.

As cólicas tinham aumentado de novo e ela precisava dar um jeito de controlar isso se quisesse mesmo ir adiante com o plano. Durante a consulta, esqueceu momentaneamente do desafio que tinha pela frente, e perguntou:

– Dani, é verdade que eu não posso ter filhos?

A médica sorriu e devolveu:

– Já tentou?

Nathalia engoliu em seco, ligeiramente vexada com a pergunta.

– É que... A outra ginecologista disse que eu não podia, que dava para dizer só de olhar o jeito como eu caminhava.

A Dra. Dani fez uma careta, virou para se aprontar para o exame.

Nathalia deitou, sentindo o rosa cobrir sua face mais uma vez.

– Nathi, antes de te examinar e responder, posso te afirmar: ninguém pode dizer que você não vai ter filho só de ver você caminhar. Isso é bobagem.

Quando acabou, olhou sorrindo para a jovem paciente.

– OK, Nathi. Você pode sim. Quer dizer, só vamos saber com certeza quando você tentar.

– Sério?

– É. Você pode ter filhos.

Capítulo 21

DEIXE VIVER

Com Roberto, seu pai

O plano.

Nathalia tinha um plano. Não era novo, a vontade tinha surgido pela primeira vez aos 16 anos. Foi por causa desse plano que ela tinha ido fazer a nova consulta com a ginecologista. Mas seu plano não era ser mãe. Pelo menos não agora.

Nathalia queria viajar para o exterior.

Sozinha.

E ficar por lá estudando.

Sozinha.

Como poderia? Precisava de ajuda para tirar a roupa, de ajuda para cortar o bife do almoço e de diversas outras ajudas. Como poderia ir para outro país sem a família?

Sempre é possível arrumar alguém para fazer essas coisas, o que não elimina o desafio. Nem o medo. A maioria dos brasileiros – mesmo os que têm dinheiro – não pensa em ficar mais do que uma semana fora do Brasil.

Fazer turismo, tudo bem. Qualquer outra coisa assusta. Outro idioma, outra comida, outras leis, outros costumes.

Nathalia não queria fazer turismo. Ela queria o desafio.

A história toda começou pouco depois que ela deixou de trabalhar com Mara Gabrilli. Era final de março de 2011 e uma amiga disse que tinha de ir até uma agência de cursos no exterior para pedir informações. Nathalia foi junto. Chegando lá, havia uma escada e ela ficou esperando na porta, parada no carrinho. Depois de algum tempo, a amiga desceu, as duas foram embora. Nathalia não esqueceu.

Alguns dias depois, voltou. Sozinha, sem dizer nada para Leda, nem para ninguém. Dessa vez, foi sem carrinho e subiu a escada devagar.

Ela iria tentar realizar um sonho antigo. Tinha 16 anos quando teve a ideia de estudar inglês fora e foi com Leda a uma agência como aquela. Só que tanto ela como a mãe ficaram com medo. Ela mesmo se considerava imatura para sair do país sozinha. Depois disso, tirou carta de motorista, entrou na faculdade, colocou silicone e fez uma viagem para dentro de si mesma. Até descobriu que podia ter filhos. Enfim, tinha 21 anos, era adulta de fato e de direito.

Nathalia achava que dava. Só que não queria contar nada para ninguém antes de ter certeza. Então, explicou a situação para a atendente na agência e ouviu que eles teriam de buscar uma escola que aceitasse alunos com deficiência. Nathalia concordou, preencheu uma ficha e disse que esperaria o retorno.

Foi para casa e esperou. Alguns dias se passaram, ligou para a agência. Nada, sem novidades.

Mais alguns dias, ligou de novo. Nada.

E assim insistiu, ligando durante quase três meses. A resposta era sempre a mesma, não, nenhuma escola se candidatou a recebê-la.

A insistência de Nathalia tinha um significado importante. Há milhões – isso mesmo, milhões – de pessoas encerradas em suas casas em todo o Brasil. Não saem de casa porque não conseguem, porque têm vergonha, por "n" motivos. Nathalia achava que podia sair do país. Sentia até que tinha o dever de tentar. Um estadista inglês escreveu certa vez: "O medo nos faz sentir nossa humanidade". Não havia nada que Nathalia quisesse mais. Era viver a vida.

Por isso, na nona ligação, pediu para falar com a gerente.

– Mas sou eu que estou cuidando do seu caso, a gerente não vai poder fazer nada.

– OK, mesmo assim. Pode chamar a gerente, por favor?

Ela veio, Nathala explicou.

Alguns dias depois, finalmente, ligaram. Uma escola havia se manifestado. Ficava em Las Vegas, a cidade que foi erguida do nada, no meio do deserto, para se tornar a cidade da diversão, para onde vão os turistas que procuram prazer sem pudores. O que acontece em Las Vegas, permanece em Las Vegas. Nathalia não ia para isso, mas para estudar e, talvez, obter uma liberdade da qual não queria esquecer, uma liberdade sobre a qual depois gostaria de contar para o mundo todo.

O passo seguinte foi fazer contato com a escola que se havia manifestado. Coincidência: o americano diretor da escola de inglês em Las Vegas era casado com uma brasileira. E mais: ele ia estar no Brasil em breve. Foi marcada uma reunião entre Nathalia, Leda, o agente de viagem e o diretor da escola. Ele veio, falou de acessibilidade, de como o prédio da escola – localizado dentro de uma universidade – estava preparado para atender a alunos com deficiência, enfim, vendeu todo o pacote. Leda parecia convencida de que seria seguro deixar Nathalia ir.

Nathalia nem precisou ser convencida. Iria. Sentiu que podia tudo.

Era setembro de 2011 quando fecharam com a escola. Exatos dez anos depois do ataque de 11 de setembro em Nova York. E Nathalia confirmava que iria para os Estados Unidos. A surpresa tomou conta de família e amigos. E veio a reação.

Positiva. Leda adorou, sempre quis. O pai achou ótimo. E o irmão, Guilherme, disse:

– Ebaaa, vou quebrar a parede do seu quarto para o meu ficar maior.

As amigas mal podiam acreditar. Mais de uma ficou sem fala quando Nathalia contou. Ela mostrava que podia tudo.

Iria no final de fevereiro. Para isso, teria de trancar a faculdade e retomar no segundo semestre. Com pouco amor por aquele ambiente de *bullying*, não pensou duas vezes. Viagem a Vegas sim, faculdade não.

Começou a contar as semanas e os dias. E faltavam 22 semanas. Ou 157 dias.

A seguir, Nathalia começou o diálogo com a família que a receberia em Las Vegas. Aparentemente, não foi difícil encontrar alguém que estivesse disposto a receber uma pessoa com deficiência. Primeiro, Nathalia trocou e-mail; depois, falou via Skype. Era um casal com uma filha de 18 anos ainda na casa – eles tiveram outros dez filhos, que já tinham deixado o ninho. Aparentemente, um casal que gostava de crianças. Eles perguntavam se ela tinha alergia. "Uns amores", concluiu ela.

Tudo se encaixava na vida e Nathalia decidiu fazer outro curso com Tadashi. Para ela, seria a cereja do bolo, o toque final antes de viajar. Faria as pazes com sua deficiência. Foi no início de fevereiro, o que a ajudou um pouco a tirar a viagem da cabeça. Contava os dias e as horas. Faltavam 25 dias. Ou 600 horas.

Antes do curso de Tadashi, sentiu de novo aquela dor de estômago – sua gastrite turbinada pelo nervosismo – e faltou no primeiro dia. Compareceu aos outros dois dias, conhecendo um Tadashi mais próximo, mais amigo, que vinha conversar com ela, interessava-se por seus planos.

Sentiu-se ainda mais poderosa, centrada, certa de que precisava se amar. Ou ninguém mais o faria. Ao final do curso, decidiu: não voltaria para aquela faculdade que lhe fazia tão mal. Faria outra, mas nunca mais pisaria naquele lugar que a julgava incapaz de ser completamente humana.

Quando faltavam 15 dias para a viagem, fez um corte chanel, bem curtinho, no cabelo. Era mais prático e ela buscava liberdade. Leda achou estranho:

– Parece um joãozinho, Nathi.

Quando chegou em casa, todo mundo elogiou, até a mãe se convenceu de que tinha ficado bom.

Os dias passaram, a ansiedade aumentava. De vez em quando, Guilherme brincava, cantando uma música para ela:

– *Don't go, stay with me... Don't leave me alone.*

Ele ria sempre, mas ficou claro que iria sentir falta da irmã. No dia, a família inteira chorou, tanto os que iam quanto os que ficavam. Nathalia comprou presentes para a família que ia acolhê-la. Levaria sandálias Havaianas e brigadeiros. Mesmo com choro, estava mais do que pronta. Certeza total. Tudo ao seu alcance agora.

Leda também foi para Las Vegas. Nathalia ficaria longe mais de quarenta dias; a mãe não ia deixar que ela saísse nessa aventura sem saber muito bem onde e com quem estaria.

Foram visitar a família em uma terça-feira. Logo na porta da casa, Nathalia percebeu uma pequena escada com três degraus. E nenhum lugar para se apoiar. Tanto sair como chegar seria um problema. Isso, embora tivessem garantido que a casa era acessível. "Pouco importa", pensava ela, "pela primeira vez vou ficar mais de um mês sozinha longe de casa. Vou exercer minha independência".

Na sala, havia um gato deitado. A garota apertou os lábios. Tinha posto na ficha que era alérgica a gatos. Ouviu um cachorro latindo e soube que ele ficava na parte de trás da casa vizinha, colada ao quarto que seria o dela. Nathalia amava cachorros, sempre teve um em casa, mas um grande e sem controle era um problema potencial. Cães grandes normalmente pulavam em cima dela, que não tinha como fugir ou se esquivar. Já tinha sido derrubada antes, não era uma perspectiva muito boa. Mas Nathalia não estava nem aí para nada. O sonho estava sendo realizado e nada o mancharia.

Sorria sem parar. Viajar era isso mesmo, estar exposta ao mundo, enfrentar o inesperado.

A dona da casa sorria, mostrava a casa e dizia:

– Fique tranquila... pode trazer amigos... pode ir ao *shopping* comigo... podemos ir a *shows*. E vou ficar aqui o tempo inteiro.

Enquanto a mulher falava, Nathalia olhou na direção da cozinha e viu que, para chegar lá, teria de transpor mais cinco degraus. Fazer uma boquinha a qualquer hora ia ficar bem difícil. Leda percebeu, mas não falou nada. A filha estava feliz.

Desceram para a parte de baixo da casa, uma espécie de porão, para ver o quarto onde Nathalia dormiria; era um espaço normalmente usado pela filha mais nova do casal, que só aparecia de quinze em quinze dias. Para chegar lá, aí sim, uma escada de verdade. Um lance de escada com vários degraus, uma curva e outro lance com vários degraus. Não havia parede para apoiar. A casa mais se parecia com uma pequena prisão, dividida em currais. Mas não para Nathalia, com ares de não dar conta de nenhum problema muito grave.

Solícita, a mulher deu carona para Nathalia e Leda de volta ao hotel. Já no quarto, o único comentário que a mãe ouviu foi:

– Tem um gato na casa, você viu?

No sábado, Leda foi embora, colocando a partir dali milhares de quilômetros entre ela e a filha. Exatamente 9.779.

Nathalia pegou um táxi e rumou para sua casa temporária. Chegando lá, foi para o quarto e se pôs a arrumar suas roupas. Pouco depois, a mulher disse que tinha um compromisso e voltaria em meia hora. Estava sozinha. Aparentemente, o marido também ficava pouco na casa.

Ficou olhando para a parede. Não tinha o que fazer, aquela escada lhe tornava impossível sair. Uma hora se passou e ninguém apareceu. Sentiu fome. Mexeu nas coisas, tentando imaginar o que faria quando ela voltasse ou no dia seguinte. Finalmente, a mulher voltou. Tinha ficado duas horas fora, mas para Nathalia pareceram cinco. Ou mais.

-Voltei.

As palavras em inglês eram simples, Nathalia conseguiu entender. Respondeu de modo curto, para avisar que estava acordada.

– Está com fome? Tem umas torradas aqui.

Comeu e dormiu. Como deitou cedo, acordou às 8h no domingo, apenas para descobrir que a mulher tinha saído de novo. Na casa, havia uma chinesa que poderia ajudar Nathalia, mas esta não falava inglês direito. Como a hóspede não entendia chinês, as duas se comunicaram muito.Ela ao menos ajudou a servir o café da manhã. Depois, Nathalia passou horas na internet, principalmente no Facebook, pescando qualquer um que pudesse conversar e diminuir aquele tédio. Na parte da tarde, a chinesa foi embora e Nathalia acabou com os biscoitos que Leda havia deixado.

Já no final da tarde, a mulher voltou. Nathalia pediu ajuda para se aprontar para o banho, mas seu desejo só foi atendido às onze da noite. "Que diacho", pensou Nathalia, "ela está sendo paga para me hospedar aqui".

Toda família que recebe um aluno estrangeiro é remunerada. Como Nathalia iria precisar de mais atenção, a referida família recebeu o valor da hospedagem em dobro. Tinham aceitado a função. Não que aquele comportamento fosse novidade para Nathalia, até lhe era familiar, e não no bom sentido.

Entretanto, acima de tudo, ela estranhava a solidão. Um sentimento compreensível, pois mais de quarenta dias naquele deserto humano seria um suplício para qualquer um. O ser humano é instintivamente gregário. Na Grécia antiga, o pior castigo era ser exilado, considerava-se "morte em vida". Para Nathalia, mais ainda, pois procurava sempre se cercar de gente. Agora, tinha viajado de tão longe só para ficar isolada?

Enfim, as aulas começavam naquela mesma segunda-feira. Ainda bem. Quando chegou à escola, catou o rádio e chamou a mãe em São Paulo. Daquele jeito, podia falar todos os dias com a família.

Enquanto contava a decepção que tinha sido o fim de semana, uma das alunas notou que ela falava português e se aproximou. Quando terminou, ela sorriu e disse:

– Brasileira?

Naquele momento, foi a melhor notícia possível. Um sorriso vindo de alguém falando português. A mulher, que tinha 15 anos a mais que Nathalia, chamava-se Fabiana. Morava na cidade com o marido e a filha e também começava a estudar inglês naquele dia.

Conversaram como se tivessem crescido juntas e logo Nathalia estava contando a situação. Chegaram à conclusão de que ela precisava falar com o diretor da escola, porque poderiam arrumar outro lugar para ela ficar. Não havia como obter outra casa de família de um dia para o outro e o diretor ofereceu para Nathalia uma residência estudantil. A nova amiga Fabiana – que Nathalia chamava de Fabi – se propôs a ajudar na mudança.

Nathalia se encheu de esperança. Não havia o que não pudesse fazer e não era uma família daquele jeito que ia lhe tirar aquela experiência incrível.

Na residência estudantil, ganhou uma companheira de quarto, outra oriental, mas que falava inglês o suficiente para ambas se entenderem. Logo que chegou, Nathalia identificou uma calcinha usada jogada bem no meio do quarto. Em uma das camas, uma mala aberta totalmente revirada, na qual Nathalia tinha a convicção de não existir uma única peça dobrada. De onde estava, podia ver o banheiro, com um cesto de lixo absolutamente lotado, do qual os papéis transbordavam e se espalhavam pelo chão.

Pouco importava. O condomínio tinha perfeita acessibilidade e Nathalia poderia ir e vir quando bem entendesse. A grande diferença é que teria de contratar uma cuidadora para apoiá-la na residência estudantil.

Logo no segundo dia, a cuidadora a deixou cair. Segurava Nathalia como se fosse uma galinha, do mesmo jeito que a diretora do colégio, aquela que não desejava ver Nathalia no palco. Decidiu contratar outra. A segunda cuidadora abriu um pacote de arroz, colocou em uma vasilha com água, pegou uma colher e entregou tudo para ela. Sem cozinhar.

Nathalia passou a cozinhar junto com as duas. Ficava do lado, põe o sal, tira do fogão, faz assim, faz assado. Gostou da cozinha em dupla, mesmo sem poder manipular os ingredientes. Sozinha, conseguia fazer *waffles* na torradeira. O gosto da liberdade.

A terceira cuidadora enfiava as roupas molhadas no armário, não queria estender, secar, nem dobrar, talvez por birra, talvez por preguiça. Nathalia passou ela mesma a colocar e tirar as roupas das máquinas de lavar e secar.

Até gostava da tarefa, de poder cuidar de si mesma um pouquinho mais, mesmo tendo de fazer várias vezes, porque a máquina era pequena e não cabia muita coisa. Quando deu as roupas para a nona cuidadora, esta jogou tudo junto na máquina de lavar, misturou cores e manchou uma calça de moleton e duas toalhas de banho.

Aparentemente, nenhuma das cuidadoras – da primeira à décima sétima – Aparentemente, gostava de limpar o banheiro e nem sabia fazer isso direito, mesmo sendo ele tão pequenino. Nathalia sentava no vaso, de rodo na mão, e passava pano no chão.

Mais da metade das cuidadoras não curtia limpar o resto da casa e também não fazia isso muito bem. Já na segunda semana, Nathalia subiu no triciclo motorizado, pegou o aspirador e começou a limpar tudo. Puxa daqui, empurra dali, passa por cima do fio da tomada com o triciclo, troca de tomada e, assim, conseguiu aspirar a casa inteira. A cada dia, morando sozinha, aumentava nela a convicção de que realmente podia tudo.

Enquanto isso, a rotina escolar também prosseguia com seus altos e baixos. A primeira aula de verdade foi na terça-feira da semana da chegada, um dia depois de Nathalia conhecer Fabi nos exames de admissão. Foi um dia importante. Além da mudança, elas conheceram a última figura do trio que formariam dali por diante. Era uma americana chamada Stephanie, quase da idade de Nathalia, que era professora de inglês na escola.

Stephanie entrou na classe olhando para baixo, para as pernas dos alunos. Na hora, Nathalia achou que ela estava sendo procurada, que o diretor devia ter dito a Stephanie que ali havia uma pessoa "com necessidades especiais", como dizem os americanos. A professora não disse nada, apresentou-se e começou a aula.

Nathalia soltou a respiração, aliviada. Queria só ser mais uma aluna, não ter de contar a história de sua vida na frente de estranhos.

Estudar seria a parte fácil. Mesmo com a dificuldade para pronunciar, por exemplo, palavras com "Th".

– *Think.*

– *Thought.*

– *Thorough.*

– *Three.*

– *Thieve.*

Não sabia se fazia som de "S", som de "T", som de "F", ou uma mistura dos três.

– *The thirty-three thieves thought that they thrilled the throne throughout Thursday.*

– Ahhhhhhhh.

Além de Stephanie, havia ainda uma argentina e uma nova-iorquina dando aulas de inglês para a classe de Nathalia. Os piores momentos estavam nas aulas da nova-iorquina, bem diferente de Stephanie, mais velha, com uma voz irônica e quase grave. Logo da primeira vez que viu Nathalia, foi questionando a deficiência e sua possibilidade de conseguir se virar sozinha fora de seu país.

Durante as semanas seguintes, pedia que ela escrevesse na lousa e foi rígida no tempo de prova – mesmo Nathalia explicando que não conseguia escrever com a mesma velocidade que outros alunos.

Foi moleza. Para quem enfrentou professoras como aquela a vida inteira, Nathalia estava escolada. Não tinha ilusões. Sabia que a mudança que tinha de ocorrer era dentro dela, o mundo exterior não evoluiria tão rápido.

Além disso, fazia parte de um trio que facilmente compensava tudo isso: ela, Stephanie e Fabi. A comunicação entre as três se compunha de uma profusão de risadas e mal-entendidos felizes. Nathalia não falava inglês bem e fazia alegremente suas tentativas de ser compreendida. Eventualmente, Fabi servia de intérprete.

Claro que as amigas também quiseram saber a história da jovem brasileira. Mas essa conversa aconteceu somente no segundo dia, quando já tinham um relacionamento e no meio de um papo ameno. Nathalia explicou:

– Erro médico.

Deu mais alguns poucos detalhes, Fabi traduziu as palavras difíceis para Stephanie e continuaram batendo papo. Tornaram-se inseparáveis. Na entrada, no intervalo e na saída, onde estava uma estavam as três. Em geral, rindo, como se não percebessem ninguém à volta delas. Ou como se percebessem até demais, fazendo mil comentários sobre tudo o que era captado em seus radares femininos. Saíam todos os dias no intervalo das aulas para tomar um café, conversar e rir muito.

Um dia, Fabi foi buscar café e deixou Nathalia no banheiro. Quando a amiga voltava, ouviu um grito, não muito alto, como se a pessoa estivesse meio envergonhada:

– *Please, help*!

Nathalia tinha ficado presa no banheiro. Como na época em que as meninas da faculdade a prendiam, só que dessa vez por acidente, sem maldade. Fabi e Nathalia gargalharam. Em Las Vegas, sentiu que suas máscaras caíram. Não queria fingir, nem impressionar ninguém, só se preocupava em viver feliz. E ali a deixavam viver.

A professora amiga, Stephanie, também era um grande apoio. A cada dificuldade, repetia a frase

– *Try one more time.*

"Tente outra vez" significava mais do que parecia. Tornou-se um código entre elas, um lembrete de que ela podia e ia conseguir, fosse o que fosse.

Nathalia errava a pronúncia do "T". Então, "*try one more time*". A cuidadora não limpou o banheiro, Nathalia teve de pegar o rodo de chão: "*Try one more time*". A cada dificuldade, insista:

– *Try one more time.*

– Tente outra vez

– *Try one more time.*

O comportamento dos outros estudantes e do americano em geral também parecia positivo. Se Nathalia parava em frente a uma porta, sempre aparecia alguém perguntando se precisava de ajuda. Se ela estava diante de um balcão muito alto, alguém se oferecia. Nunca viu banheiro ou vaga para pessoas com deficiência sendo utilizados por pessoas que não precisassem. Sentiu que havia esperança.

De modo geral, as pessoas se interessavam espontaneamente – e de forma educada – por Nathalia, seu sorriso, sua simpatia, pelo fato de ser brasileira. Ocorria exatamente o inverso da faculdade no Brasil, foi como se a polaridade do ímã repentinamente se alterasse. Se aqui as pessoas se afastavam, em Las Vegas elas se aproximavam.

Por exemplo, os alunos puxavam papo com ela no laboratório da escola. Era comum rodinhas se formarem em torno das três amigas. Um simpático aluno de origem árabe costumava acompanhá-la ao mercado próximo para comprar chocolates. Depois, ficava batendo papo com ela na entrada da residência estudantil. Durante aquelas semanas, Nathalia teve certeza de que ela não era uma deficiente, só tinha uma restrição de mobilidade. Deficiente é a sociedade que exclui minorias.

Foi então que aconteceu. Tudo começou porque a escola resolveu fazer uma pequena reforma na semana de intervalo da primavera, conhecida nos Estados Unidos como *Spring Break*. Com isso, a entrada no prédio perdeu a acessibilidade. Fabi não conseguia carregar o carrinho, que era bem pesado.

Havia sempre alguns garotos por perto, que passavam rápido para chegar à sala de aula. Nathalia olhava para os lados, querendo escolher a pessoa mais simpática. Naquela situação de passagem, sabia que, se não pedisse, ninguém perguntaria nada. Eram simpáticos, só evitavam se intrometer na vida dos outros. No momento em que fazia um sinal e pedia, alguém ajudava. Alguém sempre ajudava. Alguém pegava a *scooter* no braço, Nathalia se apoiava em Fabi e as duas subiam juntas as escadas.

Começou a chegar atrasada a todas as aulas: todo mundo às 7h30, ela sempre um pouco depois. Mas esse não foi o problema.

Naquela semana, os lugares usuais para tomar café estavam fechados. Teriam de comprar no Starbucks do prédio ao lado (a escola ficava dentro de uma universidade com vários prédios). Havia escadas. Então, Fabi disse que pegaria o café e voltaria. Nathalia esperaria na frente do prédio. Quando viu Fabi voltando, virou a *scooter* na direção da amiga e acelerou.

Foi quando o carrinho encontrou o poste, Nathalia foi ao chão, bateu o braço e o rosto. Quando as pessoas se aproximaram e ela não entendeu o que estava acontecendo, quando não conseguiu se comunicar. Foi nesse dia que a angústia encheu o peito de Nathalia.

Naquele dia, ela chorou durante muito tempo. Ou pelo menos lhe pareceu um tempo enorme. Chorou até as lágrimas secarem. Não tinha ninguém com quem quisesse conversar, nem mesmo Fabi, a boa amiga, que ligou várias vezes durante o dia, querendo saber se ela estava bem. Nathalia tampouco ligou para a mãe. Seria fácil, era só ligar o Nextel. Não quis. Deitou na cama.

Pouco depois, lavou o rosto, trocou de roupa e saiu. Sozinha. Ela e o carrinho.

Não foi a primeira nem a segunda vez que saiu para passear sozinha. E nem tudo era perfeito também. Uma vez, roubaram a jaqueta branca de que tanto gostava. Em outra, acabou a bateria do carrinho quando ela voltava da escola. Nesse dia, havia gente na rua, então, ela pôde pedir para uma pessoa empurrar – falando inglês, toda orgulhosa. Tudo sempre se resolve.

Naquele dia da queda, passeou pela rua, rodou pelo parque. Resolveu ir até o Walgreens, loja de conveniência de uma rede americana que se encontra em quase toda grande cidade de lá. Essa era a liberdade que Nathalia nunca tivera no Brasil.

O acidente não foi nada, só ficaria com um hematoma na testa por uma semana ou duas. Entretanto, provocou reflexões. E o passeio lhe deu tempo para isso. Pensou na vida que estava tendo ali, no que podia e no que não podia fazer. Podia muito, é fato. Mas havia limites, agora ela percebia.

Não se tratava somente de acessibilidade. Os Estados Unidos eram ótimos nesse quesito, mas mesmo ali ela precisava de apoio. Convenceu-se de que necessitaria de alguém ao seu lado durante toda a vida. Mas depender de quem? Leda não poderia estar junto dela para sempre. A chave da questão estava nas pessoas que ficavam ao seu redor.

Naquele momento, ficou claro que cada pessoa de Las Vegas representava alguém que ela já tinha conhecido na vida. Havia aqueles que apoiavam e aqueles que atrapalhavam, o ombro amigo e a pedra no caminho. Stephanie era como Patrícia, da primeira escola. Sábia, mesmo sendo tão jovem. Parecia que Nathalia havia crescido para enfim ser amiga de igual para igual com a antiga professora.

Por sua vez, a professora nova-iorquina lembrava os dois antigos professores: a de geometria do colegial, decidida a colocar todas as pessoas no mesmo balaio e medir todos com a mesma régua; e o da faculdade, para quem ela não deveria estar ali.

Fabi era como Júlia, a amiga debochada, alegre e protetora, que um dia a havia resgatado de uma classe em furacão, quando cadeiras voavam e Nathalia se encolhia com medo. Era a amiga que pulava no *show* de Sandy & Júnior. Fabi era assim. Ambas eram risada alegre e ombro amigo.

A família onde Nathalia ficou também a lembrava do passado. Representava a sociedade em geral, que prefere ignorar as pessoas com deficiência, abandoná-las em casa, escondê-las do mundo. E não se dar o trabalho de viver com elas, de se preocupar com elas. Felizmente, havia existido na vida de Nathalia uma imensa lista de pessoas amigas de verdade, ombros constantes e verdadeiros.

No dia seguinte à queda, Nathalia foi até a casa de Fabi, que faria uma feijoada. Chegou de carrinho, parecia ter feito as pazes com o veículo motorizado. Foi um fim de semana bem diferente do primeiro passado em Las Vegas. Como antes, era uma família, só que, agora, todos estavam lá: o marido de Fabiana, a filha e a mãe dela, um pouco adoentada. Uma casa barulhenta e cheia de gente, o oposto das últimas solitárias – e às vezes dolorosas – semanas na residência estudantil.

Nathalia continuava sofrendo das dores de estômago, e os enjoos voltaram. Foi ali que passou um dos dias mais felizes daquele mês. Sentia-se acolhida mais uma vez.

Pelo seu lado, Fabi se impressionava com o fato de Nathalia estar sempre sorrindo. Reclamava bastante – dos outros, da falta de respeito, mas nunca da própria condição. E, no fim, acabava sempre sorrindo. Para Fabi, a garota era a "alegria que contagia".

Nathalia resolveu perguntar:

– Fabi, você acha que eu devia ficar mais um mês?

Sabia que ainda sairia de lá sem falar inglês direito. E como faria falta aquela liberdade de ir e vir, de passear, de cuidar do próprio nariz. Já se via de volta a São Paulo, presa em casa, fechada nas pequenas prisões da cidade, onde chegava de táxi e de onde só podia sair com ajuda. Também estava cansada de visitar sempre o mesmo *shopping*, de estar limitada aos mesmos lugares.

Um astuto jogador de Las Vegas costumava dizer que o segredo para se divertir na cidade é saber perder lentamente. Nathalia estava ciente de que teria de ir embora no fim daquele jogo, só queria que ele durasse mais. Queria perder Las Vegas o mais lentamente possível.

Não podia.

As dores e os enjoos a incomodavam bastante, era melhor voltar para São Paulo, para suas consultas médicas. Não era a última vez que ela moraria sozinha, pelo menos agora tinha certeza disso.

Quando voltou para a aula na segunda-feira, sua última semana, descobriu que aquela prova que fizera com o rosto e o braço latejando tinha sido sua melhor até então. Persistir tinha valido a pena.

No dia da partida, no início de abril, Roberto, o pai de Nathalia, chegou a Las Vegas e foi buscá-la na residência estudantil. Ficou surpreso ao vê-la mais magra e bastante branca. Ela se despediu da décima sétima cuidadora; os dois foram almoçar e seguiram para o aeroporto. Nathalia não pôde ter a última despedida: Stephanie tinha de dar aula e Fabiana teve de resolver um problema da filha e não conseguiu ir.

No aeroporto, abriu o Facebook e deu de cara com uma mensagem que Fabiana havia deixado. A amiga tinha escrito a letra de *Canção da América*, a música de Milton Nascimento e Fernando Brant. Todos conhecem, é a que fala de quem chora ao ver o amigo partir, mas guarda a amizade no lado esquerdo do peito. E, principalmente, promete que, apesar do tempo e da distância, um dia os amigos voltarão a se encontrar.

Nathalia não conseguiu, nem quis, segurar o choro. Há quem chore para diminuir a profundidade da dor e há quem o faça somente porque não faz questão de segurar.

Uma criança que passava do lado soltou:

– Olhaaaa, mãe, ela também tá com medo de viajar de avião...

Nathalia sorriu, desligou o *tablet* e entrou com o pai no avião.

Estava disposta a lutar. Porque independência não é um ponto de chegada, mas uma luta que não termina. Gente ignorante e escadas vão continuar aparecendo no caminho. Também vão surgir pessoas que dizem:

– *Try one more time.*

E pessoas para as quais ela há de ser "a alegria que contagia".

Então, para Nathalia, este não é o fim da história, mas apenas o começo. Porque é até possível saber o que a gente é, mas nunca o que vai se tornar.

Ela só tinha a certeza de que todos são iguais, de posse dos prometidos direitos inalienáveis: vida, liberdade e busca da felicidade.

Quem sabe o que ela poderá fazer?

Nathalia quer poder ir para onde quiser; quer poder ter filhos se assim o desejar. Quer ser bem tratada. Quer o mesmo que todas as pessoas querem: viver plenamente.

Nessa busca, quem não puder ser o ombro amigo, ao menos não seja a pedra no caminho.

Epílogo
Continua...

... a vida. Alguns meses depois de voltar de Las Vegas, Nathalia começou a desmaiar. Primeiro, em casa. Um dia, quase desmaiou no *shopping*, onde faz, duas vezes por semana, sua fisioterapia – disso ela nunca vai se livrar na vida, lembra? Exames médicos feitos, descobriu que o problema era labirintite. Não se sabe ainda se tem relação com sua condição.

Como nunca deixou de fazer nada por motivo algum, Nathalia voltou a estudar no mesmo ano, só que em outra faculdade de Direito. O novo lugar era diferente em tudo do anterior. Antes, arquitetura ampla, moderna, em um bairro sofisticado. Agora, estudava em um prédio tradicional, de estilo neoclássico e para o qual já se pediu tombamento histórico, localizado na região central de São Paulo.

As pessoas também eram bem diferentes. Na antiga faculdade, os estudantes vinham de famílias privilegiadas, chegavam à faculdade a bordo de carros caros, usavam roupas e adereços da moda. Na nova, estudantes mais preocupados com a carreira, pensando em passar em concursos públicos. Nathalia imediatamente se identificou com eles e fez amigos.

Não ficou só estudando. Também se propôs a dar sua pequena contribuição para mudar o Brasil. Lendo sobre os grandes eventos esportivos programados para ocorrer no país – Copa do Mundo de 2014 e Olimpíadas de 2016 – pensou que algo poderia ser feito para chamar a atenção de autoridades e público para os problemas de acessibilidade a serem enfrentados por nacionais e estrangeiros. E o que pode ser melhor do que eventos mundiais para incitar ao debate?

Então, decidiu visitar os aeroportos das cidades onde deveriam ocorrer os jogos da Copa do Mundo e mostrar as falhas no atendimento e as deficiências arquitetônicas, desde o *check-in* – em que os balcões às vezes são altos demais – até dentro dos aviões. Viajou acompanhada de um cinegrafista, com a intenção de produzir um documentário.

No meio de uma das viagens, sentiu novamente a tontura, efeito da labirintite. O médico recomendou que ela interrompesse o projeto.

A contragosto, concordou.

Foi quando um de seus professores indicou-a para uma bolsa de estudos em um curso de introdução ao sistema legal americano na cidade de San Diego, na Califórnia. Nathalia voltou ao médico, que constatou que ela havia melhorado.

Viajaria novamente.

Depois de alguns meses, conseguiu visitar as cidades que faltavam para completar o filme. Fez seus comentários diante da câmera, sentou com o cinegrafista e editou. O documentário estava pronto. Ela deixaria sua marca, mais uma contribuição.

Naquela altura, Nathalia já sabia o tema que iria abordar em seu trabalho de conclusão da faculdade: a inclusão da pessoa com deficiência no mercado de trabalho.

A formatura viria no primeiro semestre de 2014 – e, ainda antes disso, a aprovação na primeira fase do exame da Ordem dos Advogados do Brasil.

A menina se afirmava como mulher, dona de seus caminhos. E mais convencida disso do que nunca, pois, assim que retornou de Las Vegas, Nathalia abraçou mais um projeto: o deste livro. Objetivo: relatar sua história para ajudar a mudar a sociedade, tão discriminatória.

A ideia surgiu após a queda que a deixou de olho e braço roxos. Pôs de pé o corpo e o espírito, decidida a tentar mais uma vez, tantas quantas forem necessárias, e a nunca se deixar derrubar.

Para o leitor, a narrativa termina aqui, depois de acompanhar cada etapa de uma pessoa com deficiência nesta nossa sociedade que ainda precisa de muita evolução.

Para Nathalia, este é o começo de uma nova história, com muitos desafios. Assim, em vez de fim, a mensagem é:

Continua...

AGRADECIMENTOS

A vida é feita de pessoas. Algumas ajudam, outras nem tanto. Umas nos amam, outras duvidam.

Pode parecer incomum e até estranho, mas quero iniciar meus agradecimentos pelos que duvidaram. Exatamente. Quero agradecer aos que disseram "não". Eles me ajudaram a reforçar minha determinação. Eles me deram impulso.

Na coluna do amor, que é a que realmente importa, agradeço à minha família. Sempre me apoiaram e sempre estarão aqui quando eu precisar. Quando eu estiver longe, seu apoio estará aqui dentro, dando mais força.

Em especial, agradeço às minhas avós, Leda e Yaya, que já se foram. Infelizmente, não puderam dar seu depoimento para o livro, mas abençoaram esta história aqui e lá, onde elas estão, e vão continuar abençoando.

A seguir, agradeço aos meus amigos, pois nenhuma história se escreve sozinha. Agradeço pelos momentos que passamos juntos e, quando distantes, pelas vibrações positivas que me enviaram de todos os cantos, de São Paulo a Las Vegas.

Torço para que o leitor sinta essas vibrações ao ler este livro.

Nathi

Contato com a autora, no blog

Caminho Acessível by Nathalia Blagevitch

www.caminhoacessivel.com.br

SOBRE O AUTOR

Rogério Godinho é jornalista, com passagem por veículos como *Gazeta Mercantil*, *Forbes Brasil*, *B2B Magazine* e *Consumidor Moderno*. Colaborou com *Valor Econômico*, *Você S.A.* e *Istoé Dinheiro*, onde também gerenciou a produção de especiais e capas. Estudou história global e globalização em Harvard e frequentou o Massachusetts Institute of Technology (MIT) como aluno-visitante de filosofia.

É autor do livro *O filho da crise* (2011) e tem outros títulos em preparação e no prelo.

Direção editorial
MIRIAN PAGLIA COSTA

Coordenação geral
NATHALIA BLAGEVITCH FERNANDEZ

Coordenação de produção
HELENA MARIA ALVES (Cultura)
LEANDRO AUGUSTO DO AMARAL (Deloitte)

Preparação de texto & Revisão de provas
PAGLIACOSTA EDITORIAL

Concepção da Capa
CAROL GODEFROID

Ilustração da Capa
MAURÍCIO PIERRO

Fotos
ARQUIVOS DE FAMÍLIA

Projeto gráfico & Editoração eletrônica
LUMIAR DESIGN

Impresso no Brasil
Printed in Brazil

Formato: 17 x 24 cm
Tipologia: Bembo
Mancha: 12 x 19,5
Papel: Printmax 90 gr/m2
Páginas: 240